专家风采录

——大连市2014年享受政府特殊津贴专家风采

大连市人力资源和社会保障局　组编

大连理工大学出版社
Dalian University of Technology Press

图书在版编目(CIP)数据

专家风采录：大连市2014年享受政府特殊津贴专家风采 / 大连市人力资源和社会保障局组编. — 大连：大连理工大学出版社，2017.5

ISBN 978-7-5685-0732-5

Ⅰ. ①专… Ⅱ. ①大… Ⅲ. ①专家—生平事迹—大连—现代 Ⅳ. ①K820.831.3

中国版本图书馆CIP数据核字(2017)第041774号

大连理工大学出版社出版

地址:大连市软件园路80号　邮政编码:116023

发行:0411-84708842　邮购:0411-84708943　传真:0411-84701466

E-mail:dutp@dutp.cn　URL:http://dutp.dlut.edu.cn

大连金华光彩色印刷有限公司印刷　　大连理工大学出版社发行

幅面尺寸:170mm×230mm　印张:10　字数:204千字

2017年5月第1版　2017年5月第1次印刷

责任编辑:邵　婉　朱诗宇　责任校对:石　雨

封面设计:奇景创意

ISBN 978-7-5685-0732-5　定　价:45.00元

本书如有印装质量问题,请与我社发行部联系更换。

《专家风采录——享受2014年政府特殊津贴专家风采》编委会

序

专家是城市的宝贵财富，是发展的重要依靠力量。当今国际与区域的深度竞争，说到底是高层次人才的竞争。谁能培养和吸引更多、更优秀的人才，谁才能在竞争中占据可持续发展的优势。在大连市加快“两先区”建设，实现建成富庶、美丽、文明的现代化国际性城市的目标的过程中，专家人才注定成为中坚，不可替代。大连市享受国务院特殊津贴及市政府特殊津贴的专家是人才中的佼佼者，他们身处不同的行业和领域，发挥着高端引领和典型示范的作用，为提升大连的城市竞争力勇于创新创业，为大连的经济社会发展奉献着聪明才智。

党中央、国务院自1990年起实施的政府特殊津贴制度，是目前国家选拔范围最广、专业辐射最宽的一项专家制度。我市于1995年建立市政府特殊津贴制度，享受政府特殊津贴专家由此形成“国特贴”和“市特贴”两个层次，全市享受政府特殊津贴专家逾2100名。2014年，我市市属企事业单位又新增享受国务院政府特殊津贴专家14名，全市新增享受市政府特殊津贴专家50名。这本《专家风采录——享受2014年政府特殊津贴专家风采》从不同角度和不同层面展示了2014年享受政府特殊津贴专家们辛勤耕耘的丰硕成果和感人至深的心路历程，读来倍感真实亲切。该书不仅内容丰富，挖掘了我市文化教育、医疗卫生、装备制造、电子信息、交通与环境、农业、材料与能源、生化与药品等多个专业领域涌现出的优秀专家和团队典型，而且蕴意深远，集中展示了享受政府特殊津贴专家们的先进事迹、高尚品德和科学精神。这对于我市营造尊重人才、见贤思齐的良好环境，增强广大专家的荣誉感、自豪感，激发广大专家的积极性、主动性和创造性都具有重要的现实意义。

对于大连市享受政府特殊津贴专家们的高情远致与严谨风范，我素怀仰慕，深以为念。衷心祝愿专家们再创一流成果，建设一流团队，不断创造更加辉煌的业绩。期待在专家们成功之路的启迪和鼓舞下，大连市能够涌现出更多、更优秀的高层次人才，充分实现产学研用一体化，为加快建设富庶、美丽、文明大连建功立业。

大连市人力资源和社会保障局局长

2017 年 4 月

目　录

享受国务院特殊津贴专家

享受市政府特殊津贴专家

专家风采录

附 录

|专家风采录|

享受国务院特殊津贴专家

求真尚美培育英才

——大连市第二十四中学校长　黄启成

人物简介：黄启成，男，1961 年 4 月出生，中学高级教师，2014 年享受国务院特殊津贴。现任大连市第二十四中学校长，教育部国培计划专家、教育部首批培养 100 名教育家校长、辽师大教育硕士导师、辽宁省政府督学、大连市第十五届人大代表。曾荣获全国专家型校长、第六届全国优秀校长、辽宁省首届教育专家、辽宁教育风云人物、辽宁省华育“十佳”校长、大连市劳动模范、大连市优秀教育工作者、大连市优秀青年教师标兵、大连市骨干教师、大连市先进德育工作者等称号。

从教三十多年来，无论做教师还是做管理者，他总是把求真尚美作为育人目标，把培育英才作为育人方向。他常说“教育的目的就是将空洞的心灵转化为开放的心胸。学校的使命是促进学生全面发展、健康成长”。因此，学校的各项工作都紧紧以有利于学生的成长和持续发展为目标，积极为学生提供自我展示的平台，帮助学生形成主人公意识、形象意识和自我发展意识。他十分重视课程建设和社团建设，坚持社团作为学校教育的第二轨道，通过社团将学校教育视角延伸到课外、校外，延伸到节假日。同时，学校还通过家长职业联盟对学生进行生涯规划指导，促进学生全面而有个性地发展。

不论是在一线教学还是在教学管理中，他始终把优化教学过程、提高课堂教学效率作为目标。一方面狠抓课堂，在课程体系方面，学校构建了“目标—模组—课程”式课程结构，形成了以培养学生多元能力的“多元化、有特色、可选择的课程体系”。一方面加大名师培养，2009 年以来，学校成立了名师工作站和教学委员会，以此来推进学校的教育教学水平。

多年来，他从未放松过对自己的严格要求，一直努力提高自己的科研水平。他先后主持多项科研课题，其中《高效课堂模式建构的研究》《新课程改革与校园文学研究》《教学反思对课堂教学的影响》《一对一网络环境下的教学效率提升研究》现已结题。《社团是学校的文化符号》《我们该怎样做校长》《培养具有社会责任感和国际视野的卓越人才》《学校成功的标志是孩子的成长而不是孩子的成绩》《做真正懂教育的校长》《鉴赏力和判断力才是智慧的真正体现》等文章在核心刊物上发表。

作为一位有情怀的校长，他常说："教师要用觉悟和视野、用人格去征服学生。"在他的领导下，大连市第二十四中学一直以求真尚美作为育人目标。近年来，学校已形成良好的办学风格，具有鲜明的办学特色、突出的办学质量，深受大连市民的好评。学校被评为"全国教育科研先进单位""辽宁省模范学校""辽宁省文明学校""辽宁省校园文化建设品牌学校""辽宁省新课程改革先进学校""中国教育改革与发展研究会理事单位"等。

打破国外高端轮胎生产装备垄断

——大连橡胶塑料机械股份有限公司教授研究员级高级工程师　孙桂娟

人物简介：孙桂娟，1969 年出生，1992 年毕业于北京化工大学高分子材料加工机械专业，教授研究员级高级工程师。先后两次以第一完成人身份获得中国机械工业科学技术奖一等奖，其他省部级各级奖励十余次。2007 年入选辽宁省第四批“百千万人才工程”百人层次；2012 年享受大连市政府特殊津贴，荣获第八届辽宁省优秀科技工作者称号；2013 年荣获大连市优秀专家，获选全国石油和化工优秀科技工作者称号，并受聘于北京化工大学和青岛科技大学企业导师、大连市机电工程高级专业技术资格评审委员会评委。

采访孙工很难。几次约她，都在出差。知道她从事各领域压延生产线的开发研制工作二十多年，让她说说自己的成就，却总说没有什么，但仅凭她享受国务院政府特殊津贴这一点来看，谁都知道这不是“吃素”的。于是记者说，就说说你干的三件事吧，不多，就三件。结果，有两个是涉及产值两个多亿的研制项目。

一个是孙工主持的“十五”期间国家经贸委立项的国家重大技术装备国产化攻关研制项目——钢丝帘布压延机组的研制，成功研制出了具有自主知识产权的钢丝帘布压延生产线。通过科技成果和验收鉴定时，与会专家认为：生产线制品厚度的在线检测及伺服电机驱动方式的闭环控制技术达到国际领先水平，整条生产线的各主要性能指标达到当代国际先进水平，填补国内空白，可替代进口。这个项目现已销售二十多条生产线，并已成功打入国际市场，创产值 2.7 亿元左右。该生产线的研发成功和产业化，满足了国内高端轮胎生产对装备的急需，打破了国外垄断，对促进轮胎和制造装备的发展具有重要作用和意义。

另一个半钢精密纤维帘布压延生产线是半钢子午线轮胎生产的关键。作为项目负责人，孙工在开发过程中吸收了国外设备的成功经验，并结合公司多年生产压延生产线的经验，提出了箱式干燥技术，实现箱内温度和湿度的闭环控制。该温度和湿度控制系统及方法获国家发明专利，通过了科技成果和验收鉴定。与会专家认为：整条生产线的各项主要性能指标达到当代国际先进水平。

再者，2013 年，孙工还完成了工程胎钢丝帘布压延生产线的研制工作，攻克了其中最大的技术难点——粗钢丝帘布的自动裁断技术，成功实现了钢丝帘布压延生产线的标准化、系列化生产。

在社会经济形势低迷的大环境下，公司首次引入项目管理机制，实行项目经理负责制，严格控制生产成本、工期和质量，旨在使用户满意的前提下，保证公司获得最大利益，经公司领导研究决定，以贵州轮胎订购纤维压延生产线项目为试点，摸索一套完整的压延生产线项目管理流程，形成系统的项目管理文件在公司内推广。自立项开始，在先期的技术交流、投标、技术联络、现场安装调试等过程中，曾先后六赴贵阳。在制造过程中，首先从技术角度采用先进结构，成功解决了影响压延机制造水平的两大难题：辊距调整精度和自动过接头，对于优化产品结构和提高产品自动化水平取得了显著效果。其次在质量控制方面，总结历史生产经验教训，进行风险分析，确定风险等级及应对方案。此项目已进入用户安装调试试生产阶段，用户非常满意，在产品质量、工期和成本控制方面取得了显著成效，项目经理负责制现已在公司全面推广。

眼下的孙工，正致力于钢丝纤维两用压延生产线的研制工作，力争使我国压延生产线技术水平再上一个台阶。

研发捣固焦炉机械打破了垄断

——大连华锐重工集团设计研究院院长　张文瑞

人物简介：张文瑞，男，1977 年出生，毕业于内蒙古工业大学。张文瑞于 2001 年 7 月进入大连重工·起重集团设计研究院工作，从设计员干起。2011 年 11 月至 2013 年 10 月，任大连华锐重工集团焦炉机械设计院院长，2013 年 10 月至今，任大连华锐重工集团设计研究院院长。

进入大连重工·起重集团研究院后，他主要从事装备制造领域的焦炉机械设计工作。2014 年起享受国务院特殊津贴。张文瑞现已成为炼焦工业范围焦炉机械技术学科带头人。

2013 年，张文瑞被任命为大连华锐重工集团设计研究院院长，那年他 36 岁，在此之前，他已经担任了两年大连华锐重工集团焦炉机械设计院院长一职，年纪轻轻即被委以重任，非有不凡能力者不能为之。

俗话说“没有金刚钻，不揽瓷器活”，在如今的装备制造业领域更是一句箴言。张文瑞从事装备制造领域的焦炉机械设计工作 14 年，近 5 年来，主要开展装备制造领域的焦炉机械设备设计研发方面工作，先后主持研发了我国首套具有自主知识产权的 5.5 米、6.25 和 7.63 米大型捣固焦炉机械。其中，5.5 米捣固焦炉机械成为当前市场主流产品，至今累计订货 140 套，创造经济效益 3.9 亿元。经大连市科技局鉴定，5.5 米捣固焦炉机械为国内首创，达到了国际同类产品先进技术水平。

他主持研发的 6.25 米捣固焦炉机械成为当前国内外主导产品之一，并将成为今后十年内的主流产品，至今累计订货 8 套，创造经济效益 0.85 亿元。经辽宁省科技厅鉴定，6.25 米捣固焦炉机械填补了国内自主研制的空白，打破了国外垄断，总体功能和技术水平处于国际先进地位。

“带有故障检测装置的捣固机”“捣固装煤推焦机”和“捣固装煤除尘系统”等科研成果现在已经实现产业化，在国内外七十余家企业累计创造经济效益 5.15 亿元。大型捣固焦炉机械和除尘技术的研发与应用，在提高焦炭产量的同时，起到了节能减排的作用。

2010 年，5.5 米捣固焦炉成套机械设备荣获大连市科技进步一等奖，并于 2011 年荣获辽宁省科学技术一等奖，取得授权实用新型专利 5 项。

2009 年张文瑞获大连“优秀发明家”荣誉称号；2011 年被评为辽宁省第六批“百千万人才工程”千人层次人选；2012 年享受大连市政府特殊津贴；2013 年被评为大连市第六批优秀专家。2015 年被评为辽宁省第九批“百层次人才工程”百层次人选。带领的团队还取得了辽宁省科学技术二等奖（7 米焦炉机械）、辽宁省科技转化二等奖（7.63 米大容积焦炉机械）和大连市科技进步一等奖（7 米焦炉机械）的成果，其 7 米顶装煤焦炉机械为国内首创。

目前，张文瑞带领团队又向更难的目标迈进，他们把研发的目光盯准了捣固焦炉用干熄焦成套设备、捣固焦炉除尘系统、焦炉烟道气余热回收技术、无害化垃圾分解炉以及 50MW 垂直轴风力发电装置等方面。

她率团队研发的两种药物世界领先

——大连富生天然药物开发有限公司董事长兼总经理　富　力

人物简介：富力，女，1958年12月出生，1994年7月毕业于沈阳农业大学药用植物化学专业，博士，教授，大连富生天然药物开发有限公司董事长兼总经理，兼任中国生物制药工程技术协会常务理事、科技部中药化学领域国际合作基地的学术带头人，2014年大连市政府特殊津贴专家。她主持完成的一类单体中药人参皂苷Rg3创制关键技术研究及应用，于2000年获得《新药证书》和生产批件，并先后荣获国家技术发明二等奖、国家重点新产品奖，且人参皂苷Rg3单体抗肿瘤注射剂是世界上第一个靶向抗肿瘤天然药物；另一类单体抗病毒中药新药环氧烷糖苷原料药及口服制剂，是世界上第一个抗病毒性流感及肺炎的天然药物。

富力的成就与人参有关。

人参里有一种东西叫人参皂苷Rg3，它在人参中的天然含量只有十万分之三，自从它的活性被日本科学家于20年前发现后，提取高纯度Rg3就成为中外科学家的梦想。富力和丈夫都是我国著名的人参化学专家李向高教授的优秀博士研究生，经过潜心研究，发明了物理化学酶法创新生产技术工艺，在世界上首次实现95%纯度人参皂苷Rg3的工业化生产。中国第一个一类中药单体抗癌新药也在他们手中诞生。

富力1994年7月从沈阳农业大学毕业后不久，就于1995年初开始创新创业了。那一年，她与丈夫在大连经济技术开发区成立了民营科技企业——大连天富科技开发有限公司。到2000年，他们历尽千辛万苦，不仅领世界之先，攻克了高纯度人参皂苷 Rg3 的工业化生产难关，还完成了其药理及临床的系统研究，成功研制出我国第一个中药一类单体抗癌药——人参皂苷 Rg3 原料药——及制剂参一胶囊，并获国家药监局批准的《新药证书》。这是我国独自开发、完全拥有自主知识产权的第一个一类中药单体抗癌新药，被海内外誉为“新世纪中药抗癌研究的重大突破”。

2001 年 6 月，富力夫妇又成立了大连富生天然药物开发有限公司，专门从事天然药物的开发。第二年 8 月，4000 平方米的新药研发中心大楼建成。在此期间，富生公司以合作生产的方式，完成了美国一家天然药物公司的招标项目——开发出 15 种高纯度植物原料药工业化生产工艺，并以公斤级小批量出口美国和韩国。与此同时，他们系统地进行 5 个单体新药的开发研究。2002 年，富力夫妇又成功开发了 Rg3 抗衰老天然保健品——参百益胶囊，获得了卫生部保健食品批准证书，除供应国内市场，还出口日本、美国及东南亚等国家和地区。

大连富生天然药物开发有限公司这些年一直将抗肿瘤、抗病毒、抗痴呆三大领域的一类新药研发作为主攻方向，曾连续 18 年攻关具有重大临床治疗价值的天然药物，目前已取得了实质性突破。公司所研发的抗病毒一类新药——环氧烷糖苷，不仅对流感、肺炎病毒具有 100% 的直接杀死率，而且对肠道病毒、心肌炎病毒的杀死率为 80%，全面完成临床试验后，将在大连实现产业化。届时，它将成为我国抗病毒药物领域领先于世界的突破性成果。

富力介绍，未来富生药业将以人参皂苷 Rg3 靶向抗肿瘤注射剂和环氧烷糖苷抗病毒口服制剂两种专利药为主导，以两者相关的专利型保健品、功能食品、化妆品为系列辅助产品，争取用 3 到 5 年时间，将企业建设成为在国内外都极具品牌力与影响力的天然药物、保健品和化妆品型优秀企业。

推动滨城成为燃料电池汽车示范市

——大连新源动力股份有限公司总经理　明平文

人物简介：明平文，1974 年出生，博士，曾任中科院大连化物所科技处处长，国家科技部/联合国开发计划署/环球环境基金会"中国燃料电池公共汽车商业化示范项目"经理，大连化物所燃料电池工程中心主任、燃料电池研究室主任。现任大连新源动力股份有限公司总经理、燃料电池及氢源技术国家工程研究中心主任兼质子交换膜燃料电池组组长，享受国务院及大连市政府特殊津贴。

初见明平文博士，是在大连新源动力股份有限公司（以下简称"新源动力"）的一间演示室内，几乎不需要任何资料，他就脱口而出一连串关于燃料电池的理论、应用、未来等的介绍。从他富有激情的介绍中，就可以看出对于新能源的利用，对于燃料电池的开发，他投入了多大精力。

说起燃料电池，可能很多人还不是很清楚。如今的新能源汽车被越来越多人所知晓，很多公交车已经使用了环保的新能源，还有不少市民购买了纯电动车。纯电动车的动力就来源于燃料电池。新源动力与上汽集团合作，为上汽集团的电动车提供电池。

多年来，明平文博士始终专注于中国燃料电池核心技术的研究与开发和公司管理工作，承接了多项国家科技部、中国科学院重大项目的研究开发任务。作为主要负责人，近 5 年来先后承担并完成的重大项目包括：国家科技部 973 计划"氢能的规模制备、储运和相关燃料电池的研究"项目、中国科学院"十五"重大项目"大功率质子交换膜燃料电池发动机及氢源技术"、国家"十五""863 电动汽车重大专项"项目，主持完成了轿车用 II 型燃料电池模组、轿车用 I 型 &II 型燃料电池发动机样机，低压轿车、客车燃料电池发动机样机，均通过 863 统一测试，确立了大连化物所在燃料电池技术领域的国内领先地位。与此同时，他所带领的研发团队成功解决多项技术难题，开发出低成本、低重量、高可靠性的燃料电池发动机系统，用膨胀石墨双极板和模块化设计与组装的自诊断性高智能、流体分配高效率的燃料电池电堆（Module），并成功运行于新一代燃料电池发动机系统。

明平文博士多年从事燃料电池及相关技术的研究，在类似碱性燃料电池的电化学去极化 CO_2 浓缩器、气液两相流动传质传热方面的研究与工程开发、燃料电池及其系统的传质与传热、燃料电池及系统的模型建立与计算、燃料电池发动机系统流程等方面均有深入研究。先后获得辽宁省科技进步一等奖、辽宁省技术发明一等奖，累计发表学术论文 47 篇，登记科研成果 5 项，申报或参与申报发明专利 127 项、实用新型专利 17 项。

明平文博士不仅专业技术精湛、勇于开拓创新，而且有着较强的经营管理理念，对国有知识产权的企业化运作独具远见卓识。先后承担建设由国家发改委批准的“燃料电池及氢源技术国家工程研究中心”，推动“官产学研用”结合及上汽集团与新源动力的战略合作，成为我国燃料电池领域的龙头企业。2009 年成功推动大连市被批准为继北京、上海之后的第三个燃料电池汽车示范城市。

痴心农技推广 年年行程 8 万里

——普兰店市农业技术推广中心主任 任厚彬

人物简介：任厚彬，1962 年出生，普兰店市农业技术推广中心主任，1986 年从熊岳农业专科学校毕业。获得国家农牧渔业丰收奖(农技推广贡献奖)一项，辽宁省科技进步三等奖两项，省科技贡献一等奖一项。2005 年被评为大连市劳动模范。2008 年享受大连市政府津贴。2012 年被辽宁省政府评为全省粮食生产安全突出贡献先进科技工作者。2014 年享受国务院特殊津贴。

2015 年 9 月 23 日，普兰店市大谭街道孙店村玉米高产创建核心区地块聚拢了几十名农民，原来是大连市农委组织专家组要来这里测产，专家组经过现场取样、脱粒、测水分，最后折算出平均亩产 852.16 公斤，比对照田平均亩产增加 345.47 公斤，增产率达 68.2%。当专家公布测产结果时，在场的农民高兴坏了，说这么旱的年份能有这么高的产量，全靠老任他们。今年，普兰店市承担国家玉米高产创建项目，就是老任领着一帮人实施的，要不是干旱影响，实现吨产没问题。

老任就是任厚彬，干农业技术推广这活 29 年了。一听就知道，这活就是为农业生产保驾护航，要常下乡。有人给算了一下，2004 年任厚彬当上主任至今，田里来地里去，每年行程 8 万里，推广新品种一百五十多个，完成上级新技术推广任务二十多项，建立各种示范攻关田二十多个。

别看是与农民和泥土块打交道，技术含量和经济效益却不能小看。2008—2010 年，他参与沈阳农业大学"苹果、梨食心虫生态行为与减量化防控技术集成研究"项目，在桃小食心虫在苹果上的经济损失模型、种群动态及相关行为特征，以及物理阻隔技术方面都有新的进展和突破。他正在参与2011—2015年“北方果树食心虫防治技术研究与示范推广”课题研究，目前推广苹果、梨食心虫防治技术41万亩，节本增效2.56亿元。他与中国科学研究院、沈阳生态应用研究所合作，开展“多功能蔬菜育苗营养母剂研制与推广应用”研究，推广面积10万亩，节本增效1.5亿元。他与沈阳农业大学合作，“引进推广新株型大豆新品种沈农8号”等，推广面积50万亩，增产达42%以上。

在推广这些农业技术时，任厚彬的做法是建试验示范基地，把课堂搬到田间。他从2010年开始在大谭街道赵屯村建立农业技术推广中心试验示范基地，占地近百亩。2015年共设立了15个试验示范区。今年观摩周共接待市、乡、村、农业科技人员、全市种子经销户、自发组织的农民近万人。他还主编了一份“农业科技月历”，从毕业那年坚持到现在也是29年，每月发到1万户农民手中。他连续10年建立农业科技示范场。

近几年来设施农业飞速发展，于是任厚彬尝试建立设施农业集成技术示范棚，引导农民应用集成技术。自2012年以来，他和蔬菜站技术人员一起，分别将安波、乐甲、沙包、星台等7个街道办事处中7个有代表性的温室，作为集成技术示范棚，将十几项技术集中展示，从而引导带动周边棚户应用新技术。

甘于寂寞，一心治学

——大连大学生命科学与技术学院院长　迟乃玉

人物简介：迟乃玉，男，汉族，1965年出生于辽宁省营口市，中共党员。1997年沈阳农业大学研究生毕业，并获农学硕士学位，2001年获农学博士学位，同年进入大连大学工作，在教育岗位辛勤耕耘十余年。2006年11月评为教授，2010年12月评为三级教授，2015年11月评为二级教授，现任大连大学生命科学与技术学院院长、辽宁省海洋微生物工程技术研究中心主任。此外，迟乃玉长期担任社会工作，历任辽宁省微生物学会常务副理事长，中国微生物学会酶工程专业委员会委员，中国微生物学会海洋微生物专业委员会副主任委员，《微生物学通报》编委、《微生物学杂志》编委等。

迟乃玉教授作为生命科学与技术学院的一名专业学科带头人和学院的管理者，甘于寂寞、一心治学，完善了教学和科研团队的培养与建设，注重爱心传递，勇于承担责任和使命，践行了共产党员的模范带头作用，实现了共产党员的价值，履行了大学教师的社会责任。在教学中，将大学教育目标——“在明明德、在亲民、在止于至善”——与亲身经历的科学研究、生产实践、企业管理等有机融为一体，达到了较好的教学效果，履行了教师“传道、授业、解惑”的职责。在科研工作中，秉承“天道酬勤、根固叶茂”的信念，实现了大连大学生物工程、生物技术和制药工程学科的跨越式发展，尤其为大连大学的海洋生物学学科发展做出了突出贡献。先后获得大连市教育系统优秀共产党员、大连市劳动模范、辽宁省优秀科技工作者等荣誉称号。

迟乃玉教授2002年4月正式调入大连大学，当时大连大学生物工程学院刚刚成立，教学和科研实验条件非常有限，但他坚定地选择了大连大学，坚信以自己勤奋务实的努力，一定可以开创大连大学生物工程学院的辉煌。十余年的教研工作，从专业规划、课程设置、培养方案、实验室建设、学科规划，具体到积极投身于导师制本科生培养及本科生实践创新等工作，迟乃玉教授一直亲力亲为。在授课教学的同时注重教学团队的建设和对青年教师的培养；从教案准备到 PPT 文件形成，从教学态度到课程知识体系，甚至到一个标点符号，都要亲自指导。以科研带动教学、促进教学，迟乃玉教授所单独指导的导师制本科生、本科生创新实践、硕士研究生多达四十余人次，居全院教师之首。

从事生物领域微生物工程和酶工程应用技术开发工作 26 年来，迟乃玉教授在科研方面投入了巨大的精力，利用来到大连大学 6 年时间初步完成科研团队建设，取得的成绩填补了大连大学在生物工程科研国家高技术研究发展计划(863 计划)、国家重点基础研究发展计划(973 计划)空白。目前创新性研究方向——海洋微生物酶制剂——在国内已经产生一定影响。因此被聘为华东理工大学、大连工业大学、沈阳农业大学硕士生/博士生导师，并将微生物工程学科队伍发展壮大，完成该学科由基础—应用基础—产业化整个研发链的教学和科研团队建设。作为主持人目前共承担科研项目二十余项，其中海洋 863 重点(主题)项目课题 2 项，生物与医药 863 重点项目子课题 2 项，973 子课题 1 项，国家中小企业创新基金、农业科技成果转化资金、国家自然基金等国家级项目，共计 10 项；辽宁省中小企业创新基金等省级项目 9 项；大连市杰出青年基金等市级项目 7 项。迟乃玉教授主持的废弃菇渣利用项目于 2006 年完成大连市科技成果鉴定 2 项，均为国内领先；2010 年“废弃菇渣高附加值转化技术及其应用”项目获辽宁省科学技术发明二等奖，2012 年“菇渣海洋微生物转化技术”项目获辽宁省科学技术发明二等奖；申请中国发明专利 34 项，其中授权 8 项；发表学术论文八十余篇；出版专著 2 部，主编教材 3 部。

迟乃玉教授强调“发现→应用基础→中试→产业化”整个研发链科研模式，注重科研成果应用转化。“科学的发生和发展一开始就是由生产决定的”，迟乃玉的科学研究密切联系生产实践，目前正在和大连市 3 家企业进行技术合作开发相关的产品，以生物酶制剂研究的关键技术解决节能减排、能源危机、环境污染等问题，尤其是海洋低温酶制剂的低温高催化活性，在开发低值纤维质资源炼制生物能源和节能生产方面的应用前景更具创新性。

“勤奋治学”是迟乃玉教授在科研工作中坚持的原则。在科研工作中没有节假日和休息日，其兢兢业业的科研精神和一丝不苟的科研态度，以及学以致用的实干精神，深深感染了他身边的每一个人。

用严谨的态度还原大连近代史

——旅顺博物馆名誉馆长 郭富纯

人物简介：郭富纯，生于1953年，中共党员，研究馆员，现为旅顺博物馆名誉馆长。从事文博专业研究三十多年来，著书立说近40部，在国家、省、市级专业学术刊物上发表文章五十余篇，并获诸多奖项。2009年，被辽宁省文化厅聘为辽宁省文物保护专家组成员。2012年，被大连市委、市政府聘为咨询委员会委员。2014年，享受国务院特殊津贴。

“大连这个地区存在特殊性，我们研究大连近代历史，就是想要客观、公正地还原近代大连的本来面目。”多年来，为了这个目标，郭富纯孜孜不倦地进行着搜集、研究。尽管现在已经退了下来，可仍然没有阻挡住他研究的脚步，不仅如此，现在的他更是把主要精力都放在了对大连近代历史的研究中。

郭富纯从事文博专业研究有三十多年了，在他的文博研究中分为早中期和后期。早中期，他主攻大连地方史和监狱史。旅顺在大连近代史中占有举足轻重的地位。在旅顺可以找到很多历史遗留下来的痕迹。郭富纯先后编写《旅顺日俄监狱实录》、《难以忘却的一页——旅顺日俄监狱旧址博物馆》、《中日甲午战争全史》《日俄旅大争夺战图鉴》、国家清史编纂项目《“满铁旧影”——旅顺博物馆藏“满铁”老照片》等。其中，《难以忘却的一页——旅顺日俄监狱旧址博物馆》还被法国罗浮宫博物馆永久收藏。其后，郭富纯又以古代史、文物研究为重点课题。他编写的《旅顺博物馆藏汉文佛教写经综述》一文，着重阐述《诸佛要集经》汉文写经断片，作为世界上目前所发现的最早的新疆吐鲁番出土汉文写经而备受学术界瞩目。参与的新版汉英对照版《清·孙温绘全本红楼梦》图册的出版获得了良好的社会及经济效益;《旅顺博物馆馆藏文物选萃》系列图书,将馆藏文物精品进行整合,推动了研究工作的整体发展。

郭富纯告诉记者,大连的近代历史比较特殊。现在关于日本殖民统治时期的资料相对多一些,沙俄侵占时期的资料以及后来苏联红军在连 10 年的资料却很少。想要更全面客观地了解大连的近代史,就需要把这些资料都收集起来,并且结合地理、气候、人文等方面来还原当时的情况。因为沙俄侵占时期的资料少,他经常到俄罗斯去找,到档案馆去找,与俄罗斯专家学者进行交流来获取这方面的资料。本着对历史严谨的态度,他对所有资料不会拿来就用,而是结合很多需要参考的资料。“过去一些扭曲的观念,我们现在就要改正过来。”郭富纯说,“我现在就是重点加强对俄的研究。”

郭富纯与国外学术研究机构合作取得了良好的国际成就。与日本冲绳大学教授合作编写《日俄战争百年》,在日本引起强烈的反响。2008 年,他参加国际博物馆高峰论坛,受到国际博物馆协会主席阿历桑德拉·康明斯亲自接见,并被聘任为世界博物馆协会会员。近年来,他还代表旅顺博物馆与俄罗斯科学院历史研究所、中央海军博物馆、卫国战争纪念馆等国外文博单位建立友好学术交往。2008 年,在郭富纯与全馆干部职工的共同努力下,旅顺博物馆被国家文物局评为首批国家一级博物馆。

开创大连癌症精准医疗

——大连大学附属中山医院副院长　王若雨

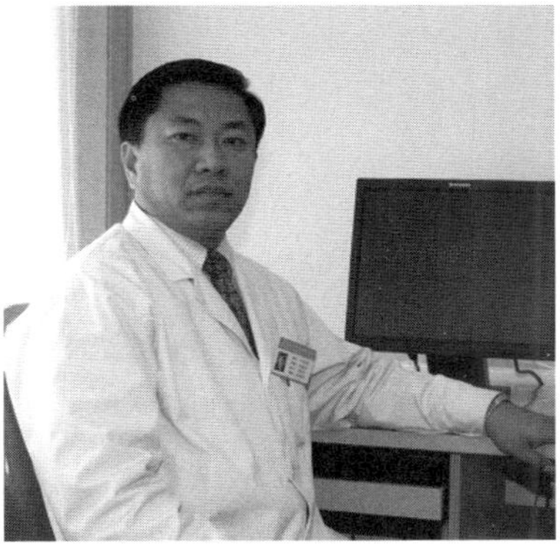

人物简介：王若雨，1963年出生，二级教授，大连大学附属中山医院副院长，享受国务院特殊津贴。目前是辽宁省一级重点学科放疗学科带头人，主持辽宁省乳腺及消化道肿瘤基因测序及转化实验室。2007年至2009年分别获得辽宁省政府科技进步三等奖、大连市政府科技进步一等奖两项、二等奖两项；2009年获"中国医师奖"；2014年获第九届辽宁省优秀科技工作者称号。现任中华医学会放射肿瘤学分会委员，中华医学会辽宁省放射肿瘤学分会副主任委员，后任主任委员，辽宁省抗癌协会肿瘤放射专业组副主任委员、辽宁省医院管理协会理事会理事，大连市医学会放射肿瘤学分会主任委员。

也许很多人还不能相信，美国总统奥巴马在2015年伊始提出的精准医疗计划，其实离我们并不遥远。

在大连大学附属中山医院，中美基因转化应用实验室已于2014年5月挂牌，标志着大连有了世界上最先进的基因测序实验设备。通过基因测序，可发现癌症患者的肿瘤标本中所有变异基因，并可对变异基因进行针对性治疗。目前，大连已有一百多例癌症患者通过基因测序，体验了精准医疗。

作为中美基因转化应用实验室的负责人，王若雨和他的团队花了两年时间，将美国基因测序团队引入大连。这支美国医疗团队技术人员长期在此工作，美国方面专家每年来大连两个月，其余时间均在云端为患者提供基因测序后的针对性治疗方案。

在王若雨及其团队的努力下，精准医疗在大连的体验还不止于此。除了基因测序治疗外，外周血循环肿瘤细胞检测（简称 CTC）突破了以往癌细胞转移检测只能靠 CT、核磁等影像学的限制，实现了液体癌细胞检测。谁能想到，今天的医疗水平，只要抽一管血，通过 CTC 就能准确判定患者体内的癌细胞状况。

在大连，王若雨最早开始用放疗手段治疗肿瘤的课题研究。2008 年，由他所做的"近距离放射治疗各种肿瘤的系列研究"，获大连市政府科技进步一等奖。如今，由他在大连独家开展的在肿瘤内植入永久性放射性粒子的治疗新技术已经达到国际先进水平。此举践行了他不用开刀治愈某些肿瘤疾病的理想。尤其是，随着放射性粒子治疗系统的引入，更是让不开刀治愈癌症的实践如虎添翼。该系统可以让早期前列腺癌患者不用手术即可根治，而且丝毫不影响性生活质量，实现了真正的微创治疗。

身为国务院政府特殊津贴专家，王若雨建立了大连市第一个肿瘤综合诊疗门诊，把病房手术、放疗、化疗、热疗、介入治疗、生物靶向治疗、中医中药治疗以及心理治疗等多种肿瘤治疗手段汇集在一起，形成了专门针对肿瘤患者的一站式门诊。2006 年，他又开始按照世界共识的肿瘤现代化综合治疗的模式，在大连建起了首个从门诊到病房综合诊疗一体化的肿瘤诊疗模式。

从 2012 年开始，随着医疗软实力建设的加强，王若雨的肿瘤学科梯队也更加强大。先后引进了 3 名海归博士后，其中两人的科研项目获得国家自然科学基金。而美国基因测序团队以及基因测序实验设备、外周血循环肿瘤细胞检测设备、放射性粒子治疗设备的引进，则使大连肿瘤学科的医疗设备处于国内领先水平。

从 1988 年毕业于白求恩医科大学肿瘤放射治疗专业，到成为辽宁省一级重点学科肿瘤放疗专业的学术带头人，王若雨始终坚信癌症并非不可治愈，关键是要找对方法。这是他终其一生的梦想，也是他奋斗毕生的实践！

“焊接医生”发明8字培训法

——大连中集物流装备有限公司　姜仁东

人物简介：姜仁东，1978 年至 2006 年 1 月在大连金州重型机器有限公司工作，主要从事国内外尖端石油、化工设备的生产焊接工作。2006 年 2 月至 2014 年在大连中集物流装备有限公司工作，主要从事焊接培训、考核等工作。2011 年日本钢骨认证合格率在中国和日本创下史上最高纪录。同时也获得了许多荣誉和奖励，荣获 2014 年国务院特殊津贴，2013 年大连市优秀专家、大连市有杰出贡献高技能人才、辽宁省青工技术能手等称号。

焊接是一门高技术、高危险性职业，焊缝质量好坏直接关系到千家万户人身和财产安全，36 年前姜仁东承载着父母的期望顶替父亲到工厂做了一名电焊学徒工。一路艰难走来，从一名“门外汉”逐渐成为事业部、厂级的质量标兵和劳动模范。他发明的 8 字培训法为焊接人才培养提供了范本并得到了推广。

“焊接不是个好职业，面对又脏又累高温炙烤（工件加温二百多度），高温缺氧，烟熏火燎，弧光闪烁，我周围很多人都半道改行了。”姜仁东说。偏偏他有股做什么就想做好的劲头。于是，他这个对焊接一窍不通的“门外汉”开始琢磨学习。“那时候我周围有很多师傅，高工，我就经常向他们请教。”姜仁东除了上班时间钻研，回家后也买了不少书学习。但一个问题出现了，他发现自己根本看不懂这些书！后来，大连市举办了一个针对焊接专业的培训班，姜仁东就从自己微薄的工资里拿钱自费学习。“那时候我 5 点下班，然后从金州坐车去大连上课，上完课再坐 12 点多的火车回金州，第二天再上班。”姜仁东说。夜校的学习让他的焊接知识越发丰富，也让他看书的理解能力越来越好。通过这样不断学习，不断实践，再学习，再实践，姜仁东的技术突飞猛进。

姜仁东作为生产高压、超高压容器和海洋设备组织、生产、焊接的带头人，连续二十多年创造了公司探伤焊缝最长，一次合格率最高(99%以上)的纪录，在国内压力容器和世界同行业居领先水平，为企业创造了极高的价值。除了技术的长足进步外，他也当起了“焊接医生”，凭着自身的天赋在“医治”产品疑难杂症等方面有独到见解。公司生产的高压洗涤器获国家金质奖；二氧化碳气体塔、高压冷凝气等设备获国务院有关奖项。姜仁东被称为金牌团队里的技能大师、电焊大拿等，在国家、省、市、公司多次获得荣誉和技能大赛大奖，还先后被公司、集团评为劳动模范，公司焊工竞赛第一名，年终焊接质量评比一等奖；获大连市焊工技能大赛第一名，大连市岗位成才奖；得到市工会记功表彰，被共青团辽宁省委员会授予新长征突击手、技术能手；获辽宁省焊工竞赛第三名、第四名，第四届大连市有杰出贡献高技能人才奖，大连市政府特殊津贴，大连市第六批优秀专家，国务院特殊津贴。

姜仁东总结的8字培训法(即细、规、专、听、看、感、检、总)，在培训和生产过程中起到了很好的作用，并得以推广。他先后培训二千五百余名焊工，其中有四百多人获得了不同国家和行业的焊工资格证。

从普通工人成为“柴油机医生”

——中国第一汽车集团公司高级技师　鹿新弟

人物简介：鹿新弟，男，1967年出生，发动机装调工，中国第一汽车集团公司高级技师。作为一名60后的他，截至目前共完成技术创新成果490项，创造经济效益9824万元，其中82个项目荣获国家、省、市技术创新优秀成果奖。他是大连市首位荣获“辽宁省科技进步奖”的技术工人，曾连续5次获得“第一汽车集团公司十佳创新方案奖”。

他先后荣获“全国劳动模范”“全国技术能手”“辽宁省功勋高技能人才”“辽宁省优秀共产党员”“辽宁省职工十大创新能手”“大连市优秀专家”等称号，享受国务院特殊津贴。

1987年，鹿新弟带着成为“柴油机医生”的梦想，从技工学校毕业来到大连柴油机厂，跟着师傅学徒，通过自己的不断努力，一步步成长为发动机装调工、高级技师、中国第一汽车集团公司专家。

一辆汽车的心脏是发动机，而发动机的核心是燃油系统。鹿新弟不断学习研究国内外先进技术。遇到问题时，鹿新弟在问过旁边的同事后仍自己琢磨，直到彻底掌握这个技术。凭着这股“钻”劲，鹿新弟成了一个能真正摸透柴油机脾气的人。

鹿新弟告诉记者，有一次CA6DK柴油机在台架试验时，出现下排气大故障，他通过看下排气颜色、形状，闻气味，判断为活塞“烧顶”，结果拆开一看还真就是这样；还有一次BF6M1013柴油机出现机油压力低的故障，导致公司生产停滞，几百台柴油机无法出厂，他用手摸了一下机油，建议更换机油再试验，结果真的达标了……研究透了柴油机的脾气，他又开始在生产操作环节上下功夫，无论走到哪里或是看到什么，他都会联想到能不能降低损耗，判断柴油机运转是否正常。慢慢地，鹿新弟自创了一套"看、听、摸、闻、问"快速排除柴油机故障的五步法，只要用"五步法"就能判断出哪台柴油机运转不正常。他也因此被工友称为柴油机故障的"克星"。

鹿新弟有智慧，有技术，能发明，会创新。经过两年的完善，他率先在内燃机行业建立《道依茨柴油机标准化试验方法和标准》，填补了国内空白，获得4项国家发明专利，荣获2012年"中国机械工业科学技术奖"、2014年"辽宁省科技进步奖"。道依茨柴油机试验时间节省22分钟/单台，累计为公司节省2544万元。

鹿新递在内燃机行业首次总结出一整套《道依茨柴油机试验线标准化操作指导书》，发明创造了"鹿新弟气压试验法"等108种操作方法。他打破国外的技术封锁，首创"道依茨柴油机调速器标准化调试法"，通过建立调速器数据库，将调速器由烦琐的配试状态简化成一个标准化的表格查找，提高生产效率75%，为公司节省945万元。

鹿新弟视野开阔，利用"互联网＋"传授技艺，打造一流团队，积极践行"传帮带"，依托"鹿新弟技能大师工作室"这个平台，不断提高技能人才的创新能力。在他的带领下，工作室共完成技术创新六百余项，为公司技术创新能力的提升做出了突出贡献。鹿新弟这个新时代来自生产一线的技术精英，已实现由"力量型"到"知识型、技术型、创新型"的完美转变，但几十年来不变的是他忠于职守、敢争第一、不断超越的创新热情和爱岗敬业、勤学苦练、甘于奉献的实干精神。

参与开发全自动轴承生产线获专利

——瓦房店轴承集团有限责任公司铁路轴承分公司维修电工、高级技师　李长升

人物简介：李长升，1966年出生，瓦房店轴承集团有限责任公司铁路轴承分公司维修电工、高级技师，“工人先锋号团队”带头人，国家级技能大师工作室成员。曾荣获“全国技术能手”“辽宁省有突出贡献高技能人才”“机械工业有突出贡献技师”“大连市劳动模范”“大连名师”等称号。

瓦房店轴承集团有限责任公司是我国轴承生产行业的龙头企业，拥有种类众多的从国外引进的CNC高精尖生产装备，分别产自日本、意大利等，均担负着关键生产工序的加工任务，各控制系统技术先进，种类繁杂，出现故障时维修麻烦且难度大。作为瓦房店轴承集团有限责任公司铁路轴承分公司维修电工、高级技师的李长升为了保障这些高精尖生产设备的高效率运转，每天都在紧张地忙碌着。

李长升介绍说，一些旧设备普遍存在生产效率低、加工质量差、可靠性不佳、故障频繁等诸多缺陷，不能适应和满足现代化生产的工艺要求，因此应积极推广应用新技术进行技术革新、升级改造。近年来李长升设计改造了多种磨床、车床，为扩大生产起到了重要作用，其中MB2025磨床数控改造项目1996年6月被评为辽宁省优秀成果二等奖，C7232机床电气控制系统技术改造项目等2002年12月被评为辽宁省优秀成果三等奖，C7220、MZ2015等改造项目荣获大连市技术创新优秀成果奖。

几年来，李长升先后参加了与日本东洋先进机床公司、日本光洋机械工业株式

会社、瑞典富耐连有限公司等国外企业联合开发安装调试的全自动铁路轴承精磨生产线、全自动轴承装配生产线等，承担完成了引进设备与国产设备实现同节拍联动、游隙检测程序改进等十余项技术攻关课题。其中精磨生产线实现了自动精磨加工、自动退磁清洗、自动检测等技术；装配生产线实现了游隙、压罩、噪音等技术，使产品质量、生产效率得到了显著提高。全自动生产线应用技术获得了4项国家专利。

根据集团公司的规划部署，铁路轴承分公司要在新的高端轴承园区建立生产基地。身为改造搬迁活动小组成员，李长升承担了国外引进设备电气项目的搬迁安装调试重任，并与外方机械专家联合进行精度提高工作，已完成国外引进设备全自动生产线一期搬迁，正在进行稳定性测试。他还负责国内新设备整体规划安装工作，对不同厂家设备互相通信提出技术方案，解决各自为政互相干扰产生错误等问题。目前完成了车加工数控机床全自动生产线、仿形车床、多刀车床的安装调试任务，已经形成了规模加工能力。磨加工国内设备全自动生产线也基本完成安装调试，正在全面联合统调试车。

他守着划线机34年，较真"练就"大工匠

——大连华锐重工集团股份有限公司装卸机械制造事业部加工车间划线班班长、高级技师　童松年

人物简介：童松年，1963年出生，毕业于大重职业高中机械制造班。现在是大连华锐重工集团股份有限公司装卸机械制造事业部加工车间划线班班长、高级技师。1994年至2002年期间，他多次荣获省市劳动模范，2014年起，享受国务院特殊津贴。

在一个岗位上工作十年八年容易，但他执着坚守了三十四年，而且兢兢业业、精益求精，他就是童松年。他是一位"大工匠"，是大连华锐重工集团股份有限公司装卸机械制造事业部加工车间划线班班长、高级技师，是技术尖子，是团队的领路人，是公司的骄傲，也是这家企业王亮式优秀员工代表。

1981年12月，童松年从大重职业高中机械制造班毕业，被分配到当时的大连重型机器厂重机一厂当上了一名车床学徒工。由于勤奋好学，5个月后被调到划线班当学徒工，自此，他在划线岗位上一干就是三十四年，对于自己从事的划线工作，他有一种执着的爱。

1989年，大连重型机器厂从日本引进6台划线机，其中重机一厂的两台划线机交童松年使用，他如获至宝。头一次遇到"洋设备"，童松年晚上学、白天练，赴外地学习。回家路上和休息时间，他也琢磨操作划线机的要领，终于在企业中率先掌握了划线机要领，并改进划线机，提高了设备效率。童松年有一双慧眼、敢于较真，

为天津港取料机斗轮体划线时，发现斗轮体中心轴端面与中心线焊接有较大误差，如不纠正，产品将“带伤”出厂。经负责产品监造的国外专家查看，童松年发现的问题非改不可。这位监造师称他“诚实可靠”。划线班，是这家企业加工车间的第一道环节，负责加工件的划线等工作。童松年在工作中主动承担技术难度较大的关键产品和部件的划线任务。他的所有划线部件和产品都达到了质量标准要求。2014 年 11 月，装配澳大利亚罗伊山取料机过程中，有一个环节引起澳方监理的质疑。他不顾现场风大、气温低，一个人携带仪器爬到近 15 米高的梁上测量，掌握准确数据，然后用实践经验和理论知识以及高难度的测量方式和准确的尺寸数据，反复与澳方监理沟通，最后说服澳方监理，打消了疑虑，通过了质量确认。

为大型工件划线，除了要有综合素质，还要具备工艺知识和实践经验，童松年经常提供有价值的资料，协助工艺员做出正确的判断与决策。在 7.63 米推焦机的关键部件推焦杆加工时出现较大变形，如果继续干，可能造成严重后果。他与工艺员连夜赶到加工现场，通过对工件认真检测，提供热变形和冷却后变形的具体资料，与工艺员一块重新制定工艺保证措施，并在加工过程中随时测量，调整，最终完成了任务。

童松年技术过硬、平易近人，在班组里有很高威望。在他的班组中大家就像亲兄弟一样，共同攻克一道道技术难关。这些年他带过的学徒，逐渐成长起来，都能够独立完成一些工件的划线任务。同时他对学徒们思想、工作态度及生活方面都给予关心和帮助。这就是童松年，一个对工作兢兢业业、尽心尽力、认真负责的国企员工。

|专家风采录|

享受市政府特殊津贴专家

“大连口腔”的领军者

——大连市口腔医院院长　马卫东

人物简介：马卫东，大连市口腔医院院长，主任医师，教授，大连市劳动模范，获大连市优秀医师奖，享受市政府特殊津贴，现任中华口腔医学会常务理事、中国医师协会口腔医师分会常务理事、辽宁省口腔医学会副会长、大连市医学会口腔专科分会主任委员；担任《口腔医学研究》副主编，《中国口腔医学年鉴》编委；主编《生活、疾病、健康》《口腔保健新知》，获辽宁省政府科技进步二等奖等科研奖项。

“大连市口腔医院是国内较有影响的口腔专科医院，是全国除了省会城市口腔院校以外唯一的中华口腔医学会常务理事单位，技术水平和综合实力进入国内先进行列，为中国的口腔医学发展、为辽宁的口腔医学事业都做出了突出的贡献。作为大连口腔医疗界的领军人物，马卫东院长功不可没。”这是中华口腔医学会王兴会长的评价。

在口腔医学领域辛勤耕耘了36载，他博学多才，爱岗敬业，用厚德精医的品格谱写了优秀牙医的赞歌。他是一名优秀的医学专家，丰富的阅历和勤奋睿智的特质成就了他在口腔医学领域卓尔不群的业绩，在同行中得到认可，在患者中口碑相传。他不仅用精湛的医术为口腔病患者解除了痛苦，同时在科研方面亦有较深的造诣，在口腔疾病预防领域做出了突出的贡献，使大连市的牙防水平走在全国前列。他是千万口腔医师中令人称颂的杰出代表。

“要让大连百姓享受最好的口腔医疗。”这是他经常说的一句话，也是他的服务宗旨。为了满足人民群众不断增长的口腔医疗卫生保健需求，他注重引进新技术，开展新项目。人们在感叹，口腔医院与净洁舒适的医疗环境所匹配的是现代化的医疗设备，拥有了根管显微镜、牙科 CT 等国际上高端的医疗设备，“牙一钻痛难忘”已经成为历史，口腔医疗进入了精品齿科时代。

与此同时，他不断推出便民惠民举措，品质卫生，惠民卫生，服务新举措举不胜举，每一项都实实在在，每一项都惠及民生，每一项都凝结了他的心血：开诊到晚九点，患者可以晚间到医院看牙；设 7 个门诊部，患者可以在家门口就医；正畸科、儿科周六周日全天候开诊，方便学生少请假；特色门诊、低收费门诊的设立满足了不同消费人群的口腔医疗需求；老年科“一站式”，体现对老年人、残障人、特殊人群的关爱；在改善医疗服务行动中，将立体停车位全部给患者用，解决看病停车难的问题；分楼层挂号收款、每个楼层设放射线检查，患者看病跑腿少了，满意度提高了。

医从厚德，技出精诚。他医术高超，攻坚克难，在一次次疑难病例的解决和一项项医学难题的突破中成为有很高知名度的专家。他带领的科是大连市一级重点学科，在技术和服务各方面都走在了同行的前列，所开展的双颌畸形外科手术矫正、骨牵引延长术、腓骨肌瓣移植术等先进技术填补了多项省内空白，达到国内先进水平。腿上“借骨”重造上颌骨修复全上颌骨缺损手术就是他率先在大连地区开展的先进技术，这一技术的开展标志着口腔医院颌面外科恶性肿瘤修复技术有了新的突破，实现了从保全患者的生命到关注提高患者术后的生命质量的飞跃。他在口腔医学界不断攀登着高峰，他是患者信任的医学专家，为人们呈现了一个优秀口腔医师的医者品格和学者风范。

2012 年，在他的积极努力下，大连市口腔医院与北京大学口腔医学院成立学科发展联合体，从此在与“国家队”富有创新和实质性的合作中不仅使口腔医院在医院管理和医疗水平等方面全方位提升，也带动了大连地区口腔医疗技术与服务水平的全面提高，借助联合体平台加快了学科建设和人才队伍建设的步伐，在继承、创新、发展中全面提升了医院的软实力。

打造“中国方舟”产业互联网平台

——西姆集团董事长兼总裁　马塾君

人物简介：马塾君，1969年出生于天津。西姆集团董事长兼总裁。“中国方舟”中小企业走出去产业互联网平台创始人，经济学博士，全国优秀中国特色社会主义事业建设者。中国中小企业协会副会长，中国光彩事业促进会理事，辽宁省经济与社会发展十大杰出青年，辽宁省优秀企业家，中国国际商会大连商会副会长，大连市劳动模范；东北财经大学兼职教授，硕士生导师；美国矿物、金属和材料学会终身会员，美国钢铁协会终身会员。

马塾君董事长是个大忙人。早前有人给他统计过，仅在2006年11月至2011年3月间，马塾君累计乘飞机出差、出国达309次，累计行程达123万公里，往返登机牌横向连接起来长达100米。这种节奏在他身上一直延续。前不久，马塾君作为辽宁省经贸友好代表团成员随省长出访德、法、俄、英等国。而在接受记者采访前，他出席了在乌镇召开的世界互联网大会刚刚返回大连，又行色匆匆要奔赴沈阳，参加省里举办的中国方舟辽宁行——沈阳站。

马塾君的忙碌缘于他是一个执着的人。1991年从东北财经大学毕业后，马塾君就留在了大连。从一名外销员做起，后来创建了西姆集团，带领团队在国际市场上“走南闯北”。时光流转，身份变换，但他做的事却始终没变。

作为以国际工程技术总承包、国际贸易和走出去信息技术研发服务为主导产业的西姆集团有限公司的当家人，马塾君25年来始终在做着一件事：走出去。他先后率领公司团队在一百多个国家建立了市场开拓、销售和售后服务、信息收集和代理关系等网点一千多个，形成了以印度、俄罗斯、哈萨克斯坦、巴基斯坦等国家的市场为重点市场遍及“一带一路”主要国家的立体化纵深国际营销和服务体系。目前，西姆集团已形成了国际工程技术总承包与大型机电成套设备出口、环保节能及信息技术研发与应用、高端生产与制造、国际国内贸易、国际并购与跨国经营、国际物流与运输等六大业务板块。

马塾君的忙碌还缘于他45岁的创业，亦即由西姆集团创建的中国首个产业互联网平台——“中国方舟”。该平台经过一年试运营，于2015年6月27日正式上线。为了这个全新的产业互联网平台，他吃饭、睡觉甚至做梦都在想着相关事宜。“与以阿里巴巴为代表的消费互联网平台不同，‘中国方舟’是一个产业互联网平台，我们聚焦于中国制造业，致力于带领中国制造业走出去，融入‘一带一路’战略，争取海外市场订单。”马塾君说。“互联网＋传统产业”现在是一个热词，马塾君则认为“中国方舟”平台现在运用的是“传统产业＋互联网”，即“中国方舟”的母体——西姆集团——的海外市场运作能力和开拓多年的营销网络，加上互联网的思维和技术。“中国方舟”通过设计端、生产、运输、包装甚至售后等全产业链服务，把最有诚信的中国中小企业推向世界。让优质的中小企业抱团，改变中国企业在世界市场单打独斗的状况，使其在国际市场的竞争中更有力量。按照构想，“中国方舟”计划3年完成“一带一路”重点国家和地区的100个海外综合服务网点及国内综合服务站点网络建设和运营，实现10万户纺织服装、装备制造业、国际产能合作产业、外经外贸跨境电商行业龙头和骨干企业入网与紧密合作，为100万户中小企业提供各种“走出去”公共服务。

全国产业互联网目前并没有明确的龙头企业。这正是西姆集团和马塾君的“中国方舟”的行进目标。马塾君希望为大连这个他奉献了青春的城市继续贡献才智，实现这个创业梦想。

三十载铸就辉煌 一支粉笔写春秋

——东北财经大学投资工程管理学院院长 王立国

人物简介:王立国,1957 年出生于山西省临猗县,1982 年辽宁财经学院本科毕业,1985 年东北财经大学研究生毕业,并获经济学硕士学位,2003 年获经济学博士学位,现任东北财经大学投资工程管理学院院长、教授、博士生导师,辽宁省教学名师,全国高等学校工程管理专业评估委员会委员,全国高等学校房地产开发与管理和物业管理专业委员会委员,中国建筑学会常务理事,大连工程咨询协会副会长。

采访王立国院长并不是件容易的事,他总是忙于课题研究,开会、现场试验更是家常便饭。王立国是东北财经大学投资工程管理学院院长、教授,博士生导师,取得的个人和团体成就无数,但在谈到自己的工作时,他总是很谦虚。他说自己能取得一点成就,要感谢东北财经大学给予的一流科研环境,让他的潜能得到了充分发挥和释放。

从 1985 年留校任教至今,王立国已在大学从教数十年,借助东北财经大学这个平台,他一步一个脚印,潜心钻研投资经济和工程管理。最近 5 年来,教学工作量每学年都在 300 课时以上,培养 3 名博士后、12 名博士和 16 名硕士;以第一作者身份在《宏观经济研究》《改革》《财经问题研究》等高水平杂志上发表论文十余篇;出版专著 1 部,教材 2 部;完成 1 项教育部人文社科项目、1 项辽宁省社科基金重点项目和 1 项辽宁省教育厅人文社科项目;获辽宁省教学名师奖和大连市第十五届社会科学进步奖、特殊贡献奖;完成二十余项大连市工程项目可行性报告;作为首席专家承担的国家社科基金重大项目"抑制产能过剩和治理重复建设对策研究"正在结项中。

多年来,王立国在教学的过程中始终坚持理论与实践相结合。他所培养的学生在走向社会后将所学知识应用到日常工作中的能力普遍较高，得到用人单位的好评。王立国在教学方面所取得的成绩得到了业界同人的一致认可，被选为工程管理（投资与造价方向）2010年度辽宁省普通高等学校省级教学团队带头人、工程管理国家高等学校特色专业建设点项目负责人。

在从事科研和教学工作的同时，王立国参与了大量的工程项目咨询业务，将理论知识与学科实践有机地结合起来。其主持编写的众多重大项目可行性研究报告，如《大连市胜利路改造工程可行性研究报告》《大连市体育场项目可行性研究报告》《星海湾会展中心一期、二期项目可行性研究报告》等，在东北地区有重要的影响力和参考价值，受到省市领导的高度赞扬。

作为一名中共党员，王立国始终恪尽职守、无私奉献，坚持以“学高为师，德高为范”作为自己的行为规范，对自己高标准、严要求，至少发表两篇以上科研论文后才开授新课。教学之余，他还处处为学生着想。在“一对一”帮贫活动中，他不仅自费为贫困研究生购置电脑，还在精神上给予了他们很大的支持和鼓励。

严谨的治学态度、高尚的道德情操、无私的奉献精神，使他在教师这个平凡的岗位上做出了不平凡的成绩。

退休不退岗的职教情愫

——大连计算机学校退休教授　王志洲

人物简介：王志洲，1954年出生，研究员（教授），在职博士研究生。曾担任原大连水产学校校长，大连市教育科学研究所职业教育研究室主任、政策研究部主任，大连计算机学校督学，大连市教育科学学术委员会副主任。主要研究方向为职业教育和学校德育。在我国中等职业教育科研领域起到了学术引领作用，取得卓越成绩，被辽宁省教育厅三次授予教育科研先进工作者。

“计算机学校基于服务企业群需求的校企合作办学模式创新和国际化视野的办学理念；商业学校一条街学生实习实训新举措；轻工学校的‘做中学、做中教’技能人才培养模式；电子学校校内就业孵化基地；大连市三大职教集团对我市职业学校发展的巨大推进作用……”王志洲从事职业教育管理、教学和科研工作35年，对大连现有的八十余所中等职业学校如数家珍。

王志洲所主持的《两阶段三层次整体化学生管理体系及运作机制》课题被评为辽宁省“九五”教育科学优秀成果一等奖；主持的《中等职业学校“学分制”改革研究与实践》课题被评为辽宁省“十五”教育科学优秀成果一等奖；主持和参研了全国教育科学规划三个立项课题和两项国家社科基金课题的研究工作，并担任子课题负责人；是国家教育科学“十五”规划教育部重点课题《新时期城市教育综合改革研究》课题研究总报告和子课题《发展社区教育，促进学习型城市建设的实践与研究》课题研究报告的撰写者。

他总挂在嘴边一句话：做职业教育的人一定要有同情心。“我做过调查，进入职业学校的学生有80%以上来自农村、困难家庭。"他的一篇《关于减免中职学生学费的调研与建议》，在当时引起不小的波澜，也为推动现在中职学校免费教育发挥了积极作用。王志洲主持和参与研究的全国教育科学规划课题和辽宁省教育科学重大课题"关于中职专业群建设问题的研究"，填补了我国中职教育专业群建设系统研究的空白，为我市中职专业调整提供了理论依据和实践数据。

2010年，王志洲被查出患有癌症，但他以坚强的意志继续着他的职教科研工作。2014年12月的最后一天，王志洲退休了，离开了他奋斗35年的职教岗位。2015年1月1日，他接受了教育部职业技术教育中心研究所发来的聘书，成为中国职教科研第一所的首位来自基层的兼职研究员，并且担任了"中等职业学校专业教师国家资格认证考试题库"项目的特约首席专家，9月，他应邀承担了教育部即将出台的《中等职业学校学生公约》解读任务。退休不退岗，王志洲教授的职教情愫源于心、践于行。

一片丹心献教育 逐浪追潮领头人

——原大连市第一中学校长 石 杰

人物简介：石杰，1954年9月出生，原大连市第一中学校长，现已退休。曾任大连市人大代表、大连市行业作风监督员、辽宁师范大学教师教育兼职教授等职。先后四次当选沙河口区人大代表，两次当选沙河口区人大常委会委员，两次当选大连市人大代表，曾获大连市教育改革优秀奖、大连市先进教育工作者、大连市劳动模范等荣誉称号，享受大连市政府特殊津贴。

“一个有责任感的教育工作者必须要思考一个问题，那就是教育到底要给学生什么。只有这个问题明确了，学校教育才会有正确的走向，才会找到有效的方式方法。”这正是石杰校长与众不同的地方，比起学校管理者，他更像一位教育者，孜孜不倦地探索着学校教育的本质。

他指出，学校教育的最终目的是培养真正适应社会的人才，因此，高中三年的学校教育不仅要为学生争得一纸大学录取通知书，更应该以深远的眼光摆脱功利的羁绊，关注学生能力的培养、行为的完善和人格的健全，为学生长远的未来打下基础，使他们获得终身可持续发展的能力。基于此，他提出了“高中教育不仅要为学生的在校三年负责，更要为学生今后三十年发展奠基”的教育追求，并在此基础上确定了“引导学生自主教育、创设学生发展空间、开发学生个性潜能、提升学生综合素质”的办学理念。此时，他又像一位引领者，带领着全校师生开始了艰难但富有成效的教育探索。

在学科教学方面，他要求教师改变固有的教育教学思想，打破传统陈旧的教学方法，“把课堂还给学生，把班级还给学生，把创造还给学生，把精神发展的主动权还给学生”，提高学生自主学习的意识和能力。“意识有了，能力有了，成绩自然就提高了。”多年来，一中的学科教学始终名列前茅。

在学生多元能力培养方面，他强调“不能办封闭的教育”，要打开校门，挖掘和接纳优秀的社会教育资源，引进优秀的社会教育形式，让学生真正接触社会，感受社会，获取基本的社会意识和能力。在他的鼓励下，大连市第一家学生义工站、大连市第一家学生公司（碧源公司）、绿洲文学社、发明创新俱乐部、外语社团等三十多个社团如雨后春笋般建立起来。越来越多的学生参与到社团活动中，自主地在校内外开展各项活动。学生们的活动组织能力、自我管理能力、沟通协调能力，使命感和责任心都得到了极大的提升。随着与社会的接触日益增多，学生对社会的了解也越来越清晰，而对自己的认知和把握便越来越明确，学习的动力也越来越足。这些活动经历不仅锻炼了学生的综合能力，在高考自主招生中也日益受到名校的关注和青睐。

在学校特色建设方面，石杰校长准确地把握了时代的脉搏，结合学校外语教学实际，确定了外语特色的发展方向。在他的领导下，学校实现了英语分层次教学，开设了法语、德语选修课，与越来越多的国外教育机构建立了合作关系，实现了“分层次、多语种、国际化”的发展战略，使师生们接触世界的机会越来越多，眼界越来越开阔，国际交流能力逐年提高。

十余年的探索，十余年的坚持，让大连市第一中学走出了一条具有特色和成效的教育教学之路，日益受到社会和教育同行的广泛认可。十余年来，大连市第一中学硕果累累，获奖无数，其先进的教育教学经验先后在全国、省、市各级各类教育会议上进行汇报交流。石杰校长本人也先后受邀在教育部“首届教研室主任高级研修班”、省新课程改革校长培训班、市普通高中新课程选课指导研修班以及大学教育论坛上进行经验介绍。而在他看来，所有的盛赞和荣誉都抵不过毕业生回校时发出的一句感叹：“在一中，我不仅学到了扎实的科学文化知识，更重要的是，我知道了我是谁，我要做什么，我要怎么做，这是我终身受益的东西。”

“大气而不张扬，厚重却不逼人，谦和并不乏创新，不奢华而求本色，不浮躁而讲稳重，不虚妄而重学养”这是对大连市第一中学办学风格的最好诠释，更是它的引领者石杰校长的真实写照。

解决中小学教师专业发展难题

——辽宁师范大学教育学院院长　朱宁波

人物简介：朱宁波，1963年出生，教授，博士生导师，教育学一级学科博士授权点课程与教学论学科带头人，是在国内教育科学研究领域有重要影响的专家，主要研究领域：教师专业发展、师德及基础教育课程与教学改革。现任辽宁师范大学教育学院·田家炳教育书院院长兼学院党总支书记、教育部基础教育课程研究辽宁师范大学中心副主任、辽宁师范大学教师教育研究中心主任和基础教育教材开发及教师培训中心副主任等职。

朱宁波非常忙碌，记者几次约访，她都在外地。后来通过电话交谈，发现她是一个和蔼、乐观的人。可对工作，她却非常严谨。她的人格魅力使得她从事高校教学工作25年来，深受学生的喜爱。

尽管朱宁波是院长，担任着不少行政职务，可是她一直坚持给本科生、研究生和博士生上课，讲授“外国教育史”“课程与教学论”等十几门课程。为了能有更多时间给学生们上课，她几乎把所有时间都用在了工作上。就在记者采访的前一天，她晚上9点多坐火车从外地赶回来，又赶到学校去拷贝资料，忙到夜里11点半仍然没有休息。而第二天一早，她不顾疲惫，再次来到工作岗位上。她主讲的本科课程先后获得学校精品课和辽宁省教师教育精品资源共享课，享受大连市政府特殊津贴。

面对我国中小学教师专业发展难题，朱宁波首次在省内提出“课题引领——学科联动的‘三结合’校本教研与教师专业发展行动模式研究”。这为解决上述难题提供了理论基础和具体方法，获得教育部基础教育课程改革教学成果三等奖。她带领的团队经过12年实践研究提出的"'课题驱动—多元协同'校本教研模式研究与实践"，为全面推进课程教学改革，切实解决教师由经验型向专家型发展，提高教学质量等问题提供了坚实的研究和实践基础。这一研究成果获得新中国成立以来首届基础教育国家级教学成果二等奖。她还出任中国教育学会教学论专业委员会副秘书长等多职，参与组织领导省市的教育科学学术性研究与发展工作，在国家和省市产生了重要的学术影响。

自2001年以来，她一直坚持深入基础教育一线，组织和参与国家、省市级骨干教师、班主任、教研人员、校长等培训上百场，培训人数达万余人，对国家、省市基础教育课程与教学改革产生了实质性的影响，获得了良好的社会声誉。

朱宁波在学术研究上也颇有建树，研究成果发表于《人民日报》《中国教育报》《中国教育学刊》等国家级权威期刊，并多次被中国人民大学复印报刊资料《教育学》《教育学文摘》等全文转载；在高等教育出版社等出版专著《新课程核心概念诠解》《中小学教师专业发展的理论与实践》等二十余部；主持"国家基础教育课程改革新课程研究实验与推广——新课程实施过程中的专业支持""科学发展观指导下教师专业发展模式研究"；参与教育部哲学社会科学科研重大委托项目"初中阶段学生核心素养模型研究"等全国教育科学规划基金、教育部和省人文社科基金等研究课题十余项。

给城市企业带来经济效益

——大连工业大学教务处处长　牟光庆

人物简介：牟光庆，男，1967年5月9日出生，博士、教授、博士生导师。1989年本科毕业于扬州大学（原江苏农学院），2009年博士研究生毕业于东北农业大学，同年到日本东京大学做访问学者，2013年天津科技大学博士后出站，现任大连工业大学教务处处长。辽宁省“百千万人才工程”百人层次，入选辽宁省“优秀人才”支持计划，辽宁省“教学名师”，大连市优秀专家。目前担任中国乳业技术创新战略联盟理事和技术专家，辽宁省高等学校食品科学与工程专业类教学指导委员会副主任委员兼秘书长，辽宁省食品科学技术学会副理事长兼秘书长。

无论到什么地方出差，书店一定要去逛逛，书一定要买几本。牟光庆作为大连工业大学食品科学与工程博士点学科“农产资源综合利用技术与功能性食品研究”方向负责人，博士生导师，多年来研究了多项成果，可他仍然认为学无止境，一刻也不能放松。

多年来，他一直从事乳品精深加工技术与设备和发酵食品的教学与研究。主持、参与国家863、国家“十一五”和“十二五”支撑计划、国家自然科学基金等项目二十余项，项目经费一千余万元。培养硕士研究生五十余名，参与指导博士研究生4人。

在“乳蛋白功能肽分子改造及其乳酸菌重组表达规模制备技术”项目中，进行了乳蛋白肽构效规律研究，分析了功能肽结构对功能的影响，揭示了乳蛋白功能肽的构效关系规律，为强化其生物活性而进行的分子结构改造提供了理论基础。建立了乳蛋白功能肽乳酸菌重组表达制备技术，利用乳酸菌重组表达具有降血压、促矿物质吸收、抗氧化等生物活性的乳蛋白功能肽，并实现乳蛋白功能肽生物活性的提高。在主持的“乳酸菌胞外多糖的生物合成及其免疫调节和抗肿瘤研究”项目中，对西藏雪莲中的一株嗜热链球菌所产的胞外多糖构效规律进行系统研究，深入研究了该多糖的结构和特性，为提高乳酸菌胞外多糖生物合成产量提供了理论基础。

他的研究课题给城市的经济和发展带来了较大影响：“新型乳酸菌及其产业化关键技术”科研成果应用于食品领域，在大连和哈尔滨地区企业累计创造经济效益14180万元，并于2010年获辽宁省科技进步二等奖。

在接受采访时牟光庆说：“作为一名从事教学与科研二十余年的高校教师，我深切体会到教师职责的神圣与庄严，同时也感受到教学和研究的快乐。”

多年来，他在学术领域攀登一个又一个高峰，获2005年国家技术发明二等奖、2006年及2010年辽宁省科技进步二等奖等奖项7项。发表学术论文八十余篇，出版《现代乳品工业手册》等学术著作、教材12部。

博物馆里的人生路

——大连现代博物馆馆长　刘广堂

人物简介：刘广堂，男，1954 年出生，中共党员，研究馆员，曾为大连现代博物馆馆长。中国博物馆协会理事、中国博物馆专家库专家、全国十大精品陈列展览评委会评委、辽宁省文物保护专家组成员。辽宁省博物馆学会副理事长、东北地区中日关系史学会副理事长。2007 年荣获大连市优秀专家，2014 年享受大连市政府特殊津贴，担任政协大连市第九届、第十届、第十一届委员会委员。

1971 年 11 月，刘广堂走进了旅顺博物馆，从此便与博物馆结下不解之缘。从最初的讲解员做起，学过书画装裱和鉴定，受聘过部门主任，1983 年底走上了领导岗位。他先后在旅顺博物馆和大连现代博物馆任馆长。几十年来他始终坚持刻苦学习专业理论和专业技能，业务研究方向主要是中国古代书画、隋唐佛教史、日本绘画、地方历史和博物馆学等。出版专著二十余部，发表学术论文四十余篇，其中《旅顺博物馆》被评为 2004 年全国十佳文博图书奖。他先后参与了《中国美术全集》隋唐五代、元代、明代、清代绘画卷等图典的编撰。2001 年承担全国重点人文科学研究项目——中国收藏日本画研究课题。2004 年担任《图典·国家清史纂修工程——旅顺博物馆项目》负责人。2002—2005 年担任中日联合开展"旅顺博物馆藏新疆出土汉文佛经残片学术研究"项目中方首席专家，经过整理研究从中发现了世界迄今最早（公元 296 年）的汉文《诸佛要集经》抄本。主编出版了《旅顺博物馆藏汉文佛经选粹》。2004 年 9 月，在历经二十余年潜心研究的基础上，将深藏库房长达 45 年的《清·孙温绘全本红楼梦》画册整理出版，与此同时参加了在中国国家博物馆特别举办的“梦影红楼——清·孙温绘全本《红楼梦》画展”，使这部尘封百余年的“红楼瑰宝”得以扬名天下，在海内外产生轰动并引发了新的红学热潮。近10年来境内外几十家出版机构出版的二百余部红学图书都引用此画册的内容。

在多年工作实践中，刘广堂积累了丰富的专业知识和文物鉴定经验，凭借于此他先后组织征集抢救了许多珍贵文物，其中1990年初在旅顺民间征集到的大批清宫内府档案资料，仅康熙皇帝临晋唐以来王羲之、米芾、赵孟頫、董其昌等历代名人书法及御笔墨迹就有302页，实属百年难遇的珍品。如今矗立在现代博物馆门前的蒸汽机车等大型设备，都是在企业资产报废的情况下经过多方努力才抢救下来的近代工业遗产。

博物馆是为社会公众开放，为社会发展提供服务，以学习、教育、娱乐为目的非营利机构。身为一馆之长，如何守护好、传承好优秀的民族文化责任重大。为了实现上述目标，从担任馆长那天起，刘广堂就丝毫不敢懈怠，几乎所有的节假日都忙于工作。在新的历史时期，博物馆发展面临着各种机遇和挑战，只有坚持正确的办馆方向，善于抓住机遇，才能促进博物馆事业的发展。在旅顺博物馆任职期间，面对旅顺不对外开放的实际，他想方设法“借船出海”，首先与兄弟馆合作办展，进而实现独自举办出国展览。2005年底调任大连现代博物馆馆长后，针对建馆时间短、藏品匮乏等实际，他主动提出抓住夏季达沃斯会议落户大连的机遇，连续三届配合会议举办展览活动，扩大了博物馆的国际影响。与此同时，加快了馆内基础设施改造，先后与国内外博物馆合作举办了几十个有影响的专题展览。在此期间还克服各种困难，实现了基本陈列“近代大连”对外开放，进一步扩大了社会影响，观众量由原来每年十余万陡升至近70万。如今大连现代博物馆已成为国内享有盛誉的博物馆之一。

历史给予刘广堂走进了博物馆的机会，他非常珍爱这个事业，他说是博物馆给了他实现人生价值的机会，他要为这项事业奋斗终生。如果用一句话形容刘广堂的人生之路，那就是“他不在博物馆，就是在去博物馆的路上”。

50万元的仪器用2000元就做出来了

——大连医科大学博士生导师　刘克辛

人物简介：刘克辛，1953年出生，日本东京大学药学博士、博士后。2004年以引进人才方式回国，任大连医科大学药学院院长（至2015年1月）、教授、临床药理学教研室主任、博士生导师，曾获国家高技术研究发展计划（863计划）子课题项目，先后6次以主持人身份获国家自然科学基金，多次获辽宁省科技厅、教育厅自然科学基金。

德国哲学家雅斯贝尔斯说过："教育本身就意味着一棵树摇动另一棵树，一朵云推动另一朵云，一个灵魂唤醒另一个灵魂。"它常常用来说明：教育是一种心灵的艺术，也是一种生命的艺术。而他，恰好从事了这份和心灵、和生命相关的职业。他就是大连医科大学药学院前院长、博士生导师刘克辛。刘克辛虽已过了退休年纪，但他的工作量却一点没有减少，上课、出书把刘克辛的时间基本占满。刘克辛表示，自站在讲台上那一刻起，他就一直告诫自己，学校的中心工作是教书育人，拿稳三寸粉笔，站稳三尺讲台，就要用心血和汗水去耕耘，用智慧和博爱去拓荒。

刘克辛从国外刚回国任大连医科大学药学院院长时，药学院的科研设备还很落后。为了更好地开展教学和科研工作，他根据自己在国外的经验，研究设计制作了一台肝灌流仪，仅用2000元就实现了在日本市值50万元人民币的肝灌流仪的几乎所有功能，他的日本导师、世界著名药代动力学学者杉山雄一教授访问学校时看到了这台肝灌流仪，称赞刘克辛"了不起"。

作为药理学重点学科带头人，刘克辛深知，强院必先强教，强教必先强师，他甘为人梯，注重对青年教师的培养和扶持。在他的努力下，药学院青年骨干教师基本上都能做到"有文、有影、有声、有伴和有题"，即科研有论文、学术会议上有身影、学术会议上有发言、有科研合作伙伴、有立项课题。在他的带领下，药学院专任教师中获国家自然科学基金人数达到了58%。

刘克辛深知科研助教的道理，多年来，他承担着本科生和研究生的药理学、临床药理学、临床药代动力学等多门课程，平均每年教学达到200课时左右。在教学中，刘克辛对学生要求非常严格。他经常对学生说："医药不分家，你们手中开处方的笔用好了可以妙手回春，用不好那就是一把杀人不见血的刀。"严在当严处，爱在细微中。刘克辛用他的勤劳和敬业换得满园花开，桃李芬芳。至今，他已培养出5名博士研究生，三十多名硕士研究生。由于诸多教书育人的成就，刘克辛被评为全国优秀教师、辽宁省教学名师。

大学校园里的网络技术高精尖人才

——大连大学信息工程学院教授　刘治国

人物简介：刘治国，1974 年出生，大连大学信息工程学院教授。长期从事空间信息网络技术、一体化网络管理技术等方面的研究。近五年，在空间信息网络领域研究方面，主持、参与了国家 863 计划项目、国家自然基金项目等十余项。其中参与"空地一体化网络管理与远程故障诊断维护系统"经大连市科技局组织鉴定，其成果达到国际先进水平，其中空地一体化分层多域网络管理体系结构、多元化网络管理协议、基于卫星的远程故障诊断与修复支持等相关技术属国内首创。

都说 21 世纪是信息化时代，现如今的社会信息化如此发达，与像刘治国这样从事空间信息网络技术的高精尖专业人才的探索有很大关系。不过，刘治国并不愿意过多去谈自己曾经取得的那些成就，他的更多注意力早就转向下一个目标……

一个好汉三个帮，刘治国能在信息领域干出一番事业，离不开精诚合作的团队配合，而这些配合有的时候需要更加紧密和无私。不仅是团队内部的协作，还有与国内相关领域专业人士的不断交流与协作，都是科研成果的重要保证。刘治国和其所在团队，面向国际科技前沿和我国现代化建设的需要，围绕国民经济、社会发展及国家安全面临的重大科技问题，秉承科技创新、军民融合的理念，以现有计算机应用技术重点学科为依托，通过对网络管理技术、新型通信技术、系统监控技术领域中的基础理论、关键技术、共性技术进行创新和改进，解决通信与网络技术中的关键理论和重大技术问题，保持该领域技术研究达到国际先进、国内领先水平。

他们还依托国家级科研项目，研发了空地一体化网络体系与网络管理协议，研制了网络设备测试仪、数据管理设备、远程医疗设备、小型化移动通信终端设备，实现了空地一体化网络的高效配置、自主管理、快速故障检测和诊断、实时性能监控和调整以及安全的信息传输。技术成果先后在辽宁、山西、北京、重庆等地的多家企业及科研院所得到应用。

作为一名大学教师，刘治国同样在教育战线上认真钻研，精益求精，在业务上成长迅速，早在2006年就已入选辽宁省青年骨干教师，现已成为教学经验丰富的资深教师。在本科教学过程中，刘治国非常关注学科发展方向，不断更新教学内容。针对“现代计算机网络”等课程教材更新慢的问题，他运用现代信息技术，搜集国内外相关先进理论发展动态，增加相关的新教学内容，改变原教材理论性强、实践性弱的特点，不断扩展学生的实际操作能力及科学视野，使学生学到课本理论的同时又领略到计算机科学的强大作用。

多年来，刘治国相继承担本科生和硕士生的教学任务，主讲课程“软件工程”“算法设计与分析”等，迄今为止，已指导计算机应用技术、通信与信息系统学科的硕士生，协助指导博士研究生、工程硕士研究生多人。

在语文教育天地中探索求新

——大连育明高中科研处主任　刘晓宁

人物简介：刘晓宁，1956年出生，语文特级教师，中共党员。现任大连育明高中科研处主任，大连市兼职教研员，大连市语文名师工作室理事长。曾经三次代表辽宁省指导选手参加全国教学大赛。他先后带头承担了五项科研课题研究的主持工作，经课题组鉴定全部成功结题，而且转化成了很有价值的教学资源，促进了学校教师的专业发展和办学质量的提高，为大连市的课程改革与特色建设起到了示范带头作用。近年，他先后被授予“大连市五一劳动奖章”和“大连市政府特殊津贴”。

“作为他的学生，仅听声音就是一种享受吧。”第一次致电刘晓宁老师预约采访时间，当从电话彼端听到他磁性而温文的声音时，记者就不由感慨。而在真正前去采访时，“果然”二字不禁脱口而出，一番交谈下来，记者忍不住提出“有机会能不能让我听一下您的课”的冒昧请求。作为一名有着三十多年教龄的老师，他在语文教学方面做了许多前沿性的探索，在课程改革方面不断推出新成果，也培养了一大批青年骨干教师，难能可贵的是他至今也没有间断创新的脚步。

如果说当年选择教师这一行业是兴趣使然，而终身为这个职业奋斗则绝非仅用“感觉适合”就可以诠释。从当老师伊始，刘晓宁就展现出“不走寻常路”的一面。“并不是为了与众不同，而是要让每一个教学行为都恰到好处，每一个教学效果都能让人心悦诚服。”怀揣此般想法，他不甘于常规的学师傅、照参考，而是非要琢磨出自己的“重难点”，教学设计也尽可能地不拘一格，表现出自己的教学个性来。

为此他三十余年孜孜不倦，创新教学策略建设新课堂，创新研讨课方式推动教学改革，创新校本研修的模式及特级教师工作室思路……有人说他这是“与自己过不去”，但为教学求新他虽“费尽心机”，却乐此不疲。他根据所教班级的不同特点，常常是一课两案，而且年年“翻新”，所费时间与精力可想而知，但他说，正是因为这样“和自己过不去”，竟让他“过去”了很多一般人没有过去的高地。

他先后创出了语言本体教学法、主动尝试教学法、情境教学法和自主习教式教学策略等十几种先进的教学方法用于教学实践，还创新了导语、设问和板书的方式，在课堂上经常给学生耳目一新的感觉。正是这种新颖，吸引学生们在他的课堂尽情感受语文的魅力，他所教过的学生中不乏市高考语文状元，同时较高的升学率也创造了他教育教学的神话。

而他并不局限于自己的创新，在培养“弟子”方面他亦毫无保留，其业务影响还扩展到了外校，先后应聘担任大连市语文名师工作室理事长，大连市兼职教研员，并跨校担任某些青年教师的指导教师。在育明高中新近成立的特级教师工作室中，刘晓宁承担了工作室的日常工作。作为大连市最有影响力的名师之一，他为学校教学事业的发展，也为大连市教育事业的发展做出了较大的贡献。

环境监测的一流专家

——大连市环境监测中心副主任、教授研究员级高级工程师　刘景泰

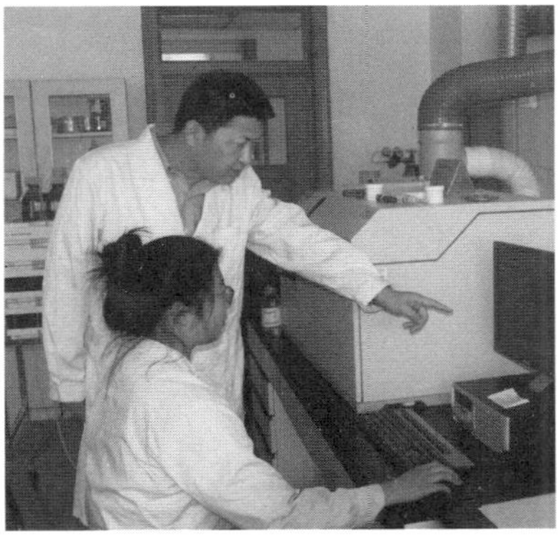

人物简介：刘景泰，男，1969 年出生，1991 年毕业于南开大学环境化学专业，教授研究员级高级工程师，现任大连市环境监测中心副主任、中国国家标准化管理委员会全国标准样品技术委员会第三届环境标准样品分析技术委员会委员、环境保护部环境监测培训教师和《中国环境监测》期刊审稿专家。他带领团队取得二十余项科研和工作成果，也获得了很多荣誉和奖励。他是国家环境监测"一流专家"、1998—2002 年度辽宁省环境保护系统先进监测工作者、2012 年大连市环境保护工作先进个人、第四届大连市十大环保人物、大连市政府特殊津贴获得者等。

刘景泰 1991 年从南开大学毕业后进入大连市环境监测中心工作，从事环境监测工作已经二十多年了，始终战斗在环境监测第一线。他先后从事无机项目、重金属和有机项目的分析工作，2000 年到美国康州大学环境科学研究所做访问学者，分管过大连市环境监测中心大部分科室工作。刚到单位的那一段时间，为了尽快掌握业务知识，他常向身边的同事请教，在图书馆查阅文献，凭借着勤奋学习、刻苦钻研的精神，很快从一个环保新人变成了分析专家。凭借扎实的专业技术功底，将先进的分析知识和多年积累的工作经验应用到环境监测实践中，使得实验室能力建设有了较大变化，基本实现分析测试的自动化。2007 年实现了地表水 109 项全项监测，对实验室分析人员的操作和记录进行了规范，使实验室的分析水平走到了全国的前列，带领中心解决了许多监测工作中的热点和难点问题，解决了环境科

研、环境分析中的棘手问题，为环境决策部门提供了科学依据。

他引领环保部的环境监测标准制定和修订工作，在环境监测科研和标准制定方面做出突出贡献，用精湛的专业技能在蓝天碧水间描绘环保蓝图。先后主持完成了《环境空气 挥发性有机物的测定 吸附管采样-热脱附/气相色谱-质谱法》(HJ644-2013)等15项国家环境保护标准，在编标准16项，主持完成科技部等"基于质谱技术的全组分痕量重金属分析仪器开发和应用示范"等4项课题，完成的"环境中重要污染物监测分析方法研究"等两项课题获大连市政府科学技术进步二等奖，1项课题获大连市政府科学技术进步三等奖。在各级刊物上发表论文二十余篇，出版专著3部。

环境监测工作是一项艰苦与危险的工作。刘景泰在工作中始终以一腔热血，恪尽职守，深入一线工作。2010年7月16日，大连新港发生输油管线爆炸，并造成原油泄漏，他第一时间抵达事故现场。面对滚滚浓烟、冲天的火光和因事故造成的没有照明的现场，冒着再次爆炸的危险，在距离事故核心区不足300米的地方坚持工作。在整个事故跟踪监测期间，监测中心做到了反应迅速，数据准确，出具的事故周边海域、海水浴场及事故周边环境空气等监测数据为事故处理奠定了坚实的基础。

在大连市环境监测中心，有一批默默无闻从事环境监测的普通工作者，他们每天做着枯燥繁重的工作，即采样、分析、写报告，为大连的碧水青山贡献出自己的力量，而刘景泰带领着这些工作者不断攀登环境监测这座高山。作为全国环境监测的一流专家，他充满活力，保持着对环境监测事业的热情，无私地奉献出自己的年华、智慧和汗水。二十多年的辛勤工作，二十多年的务实创新，二十多年的爱岗敬业，二十多年的精益求精，为了大连的天蓝水清，刘景泰成为站在环境监测战线上的排头兵！

引进农业新品种六千多个

——普兰店市安波镇农业技术服务中心主任　许金群

人物简介：许金群，男，生于 1956 年 12 月，中共党员，研究员，高级农艺师，普兰店市安波镇农业技术服务中心主任，大连市科技特派员。曾获得国家农业部科技推广贡献奖一项、省级科技成果奖六项、市级科技进步奖两项，曾被评为省农技推广先进工作者、农村科普工作先进工作者、辽宁省科技特派行动先进个人、辽宁省种子工作先进个人、大连市劳动模范、大连市科教兴农先进工作者、大连市科协科普工作先进工作者、大连市新品种引进与推广应用先进工作者。

农业科技示范基地是广大农民学科学、用科学的现行课堂，看得见，摸得着，直观性强，是推广优良品种、先进农业技术的有效途径。为此，在许金群的精心策划和组织实施下，安波镇农业技术服务中心出资建立了 200 亩大连市农业科技示范基地，与辽宁省农科院、沈阳农业大学、辽宁农业职业技术学院等科研院所和各大院校开展科技合作，多年以来共从各大院校、科研院所引进粮油菜等农业新品种累计六千多个，经过筛选应用推广 172 个，如玉米“东单 118”“辽单 588”“铁研 58”“铁研 818”“良玉 818”等，引进的新品种平均亩产达到 827 公斤，比普通品种亩产 725 公斤，每亩增产 102 公斤。引进的大豆“沈农 18 号”“铁豆 37”，引进水稻“辽优 7062”“辽优 9906”等，引进土豆“荷兰七”“津引 8”等，引进油葵“Dr111” “美国矮大头”等新品种，提高了单位面积产量，增加了农民收入。

许金群进行测土配方施肥示范：根据土壤取样化验结果，进行配方施肥，通过种植示范后，苗期表现健壮，抗逆性增强，无倒伏，活秆成熟，棒大穗粗，产量高。他坚持以科学示范基地为平台，组织科技人员、科技示范户和农民到基地现场进行观摩，向现场观摩人员介绍新品种的特征特性和各种新技术应用。近年来共接待本地和周边乡镇农民以及外地科技人员8万多人次，辐射范围达到安波周边十余个乡镇及营口、瓦房店市，辐射面积四十多万亩。这种“种给农民看、引领农民干”的做法，深受广大农民群众的欢迎和上级主管部门的肯定。

安波镇主要以粮油作物种植业为主，抵御自然风险能力差，收益低。许金群多年来坚持调整产业结构，转变经济发展方式，积极推广高效设施农业。他通过组织农民培训、参观等形式，引导农民创建发展设施农业新思路，引进推广“辽农Ⅱ型日光温室建造技术与应用”项目，目前，全镇共发展设施农业1万亩，建日光温室三千五百余亩。其中，米屯村利用温室大棚培创了“安波米屯”牌铁柿子，备受广大消费者青睐，产品销往俄罗斯及我国北京、沈阳、大连等国家和地区。设施农业发展提高了广大农民的经济收入，实现亩效益5万～6万元，累计增加农民收益1亿多元。

走在舰船目标特性研究与应用的前沿

——中国船舶重工集团公司第七六〇研究所检测中心副主任　吕俊军

人物简介：吕俊军，无党派人士，1972年出生，中国科学院声学研究所信号与信息处理专业博士毕业，现任中国船舶重工集团公司第七六〇研究所检测中心副主任，技术负责人，获得国防科技进步三等奖两项和多项船舶重工集团公司科学技术奖。先后获“辽宁省十大杰出青年岗位能手”“中国船舶重工集团公司优秀青年科技工作者”“中国船舶重工集团公司有突出贡献专家”等荣誉称号，入选大连市第二批领军人才，是大连市第六批优秀专家。

1995年从西北工业大学毕业后，吕俊军被分配至中国船舶重工集团公司第七六〇研究所工作，此后的二十年里，他一直从事舰船水下物理场测试方面的研究。如今，他已成为舰船目标特性和舰船物理场测试领域的学术带头人，在舰船水下物理场测试与分析技术方面做出了突出贡献。他主持的多项科研项目均代表国内、国际的先进技术水平，引领了舰船目标特性的发展。

“九五”期间作为某重点国防预研课题的技术骨干，经过创新探索，探索出了具有工程实用性和针对性的技术途径，被行业专家认为是本领域的“重大发现”，提出的关键技术应用于型号生产，获得了船舶总公司科技进步一等奖。

“十五”开始根据国家和单位的发展需要，从熟悉的水声领域转向全新的非声特性领域。面对陌生的专业，他没有退缩，也没有等待，而是主动向国内外同行专家学习，虚心请教，作为项目负责人主持完成了重点预研基金、国防基础科研等多项前沿性课题。研制了低噪声宽频带水下电场、磁场传感器等特种测试传感器以及多节点分布式舰船水下物理场测试系统，打破了国外技术垄断，使我国舰艇水下电磁场测试与特性研究水平获得了跨越式发展，大大缩短了与先进国家的整体技术水平差距。主要技术成果被遴选为国防科工局“百项先进工业技术研究推广应用工程”。

2010 年，承担了某国家重大基础研究项目(973)立项论证工作。经过层层严格审查，于同年年底正式立项，吕俊军也成为国防领域最年轻的 973 首席科学家。他带领团队从理论研究到试验验证，一直秉承着严谨求实、创新开拓的精神，全力攻关，智慧创造。5 年来，该项目取得了多项重要成果，专家组评价该项目“理论上有突破，实践上有收获，管理上有创新”，成果受到了中国人民解放军总装备部领导和行业专家的高度肯定，军事意义重大，应用前景广阔。

多年的科研工作中，吕俊军将创新的思维不断地灌输进来，鼓励年轻的科研人员敢于开拓。他 33 岁就被破格评为研究员，如今已是博士生导师，培养了一批优秀的舰船物理场测试分析方向的人才。功崇惟志，业广惟勤，面对国家海洋安全发展的新形势，他带领团队继续在舰艇水下物理场测试分析和特性应用研究这条道路上攻坚克难，努力提升我国舰船水下物理场测试分析技术的水平，推进基础研究成果转化，不断增强为海军装备发展服务的能力。

走在前沿，风雨兼程，求实创新，成就卓越。

他给汽车研发“心脏”

——道依茨一汽(大连)柴油机有限公司研发部实验室班长　孙义波

人物简介:孙义波,1979年出生,现任道依茨一汽(大连)柴油机有限公司研发部实验室班长。本科学历,高级技师,评聘为一汽集团专家。先后获得诸多荣誉:2009年“大连市技术能手”,2010年大连五一劳动奖章,2012年“大连市有杰出贡献高技能人才”,2012年“辽宁省技术能手”,2014年“大连市2013—2014年度优秀班组长标兵”。

“上面千条线,下面一根针。我深知各项工作的完成最终都要落实在班组而非个人,而我就是企业‘千条线’下那‘一根针’。”作为道依茨一汽(大连)柴油机有限公司研发部实验室班长,孙义波是这样给自己定位的。他兢兢业业在岗位上工作,已有16个年头,为一汽集团乃至国内的柴油机试装、调试、质量改进、技术创新做出了突出贡献。

16年前,刚刚毕业的他来到道依茨一汽(大连)柴油机有限公司。每天面对着冰冷的机器和繁杂的零件,他并未退缩。渐渐地,他发现了柴油机调试工作的“可爱”。“每一台柴油机有四百多个零部件,看起来差异很小的零部件,在实际搭配中却会产生很大不同。如何在各种搭配中找到最佳组合,就是我的工作。一旦成功,喜悦、自豪,那份心情是难以描述的。”说起自己的工作,孙义波总是兴奋地溢于言表,总有说不完的话。

经过不懈努力,孙义波的技术越来越精湛,被提拔为研发部实验室班长。“己所不欲勿施于人,我首先要做的就是模范带头作用,在强化自身文化理论知识的同时,积极参加职业技能竞赛锻炼自身操作水平并取得了优秀成绩。”孙义波说,为了提高实验室员工的素质和技能，他成立了“职工书屋”，供班组成员学习交流。

孙义波和他的班组成员以“安全第一”为工作目标，以责任管理为保证，以生产现场管理为基础，做到了文明生产，实现了定置管理、工完场清。通过努力，实验室班组几年来未发生重大安全、质量事故。

尤其是近五年来，孙义波主要开展一汽集团自主研发的柴油机以及引进德国道依茨柴油机国产化的试装、调试工作，并已取得进展。他先后承担多项课题研究，其中，“发动机凸轮轴衬套安装工具的设计”项目获一汽集团优秀成果奖，技术水平全国领先；“热冲击试验台架改造”项目成果应用于发动机可靠性试验领域，为公司累计创造经济效益数百万元。

站在世界的高度记录大连本土文化

——大连广播电视台对外传播交流中心主任　李汝建

人物简介：李汝建，1958年出生，大连广播电视台对外传播交流中心主任，国家一级摄像师，中国电视艺术家协会会员，中国电视纪录片研究委员会副理事，辽宁省电视艺术家协会理事，大连市电视艺术家协会副主席，大连理工大学客座教授，北京数字电影学院客座教授、艺术顾问，中国电视纪录片学术委员会西部分会高级顾问。2004年全国"百佳"电视文艺工作者，大连市市级优秀专家，辽宁省宣传文化系统"四个一批"人才，大连市宣传文化系统"六个一批"人才。代表作《海路十八里》《农夫和野鸭》等，屡获国内国际大奖。

和李汝建敲定采访时间时，他尚在瓦房店农村。《苹果树下》刚封镜，持续长达10个月的实地深入拍摄，他透过镜头真实记录下当地果农的生活状态，仅素材就达三百多小时，已经开始后期制作。如果说前期的拍摄是辛苦，后期制作则是一个熬心血的过程，这三个月要熬出作者的观点、思想和态度，是一个孕育和升华的过程。不同于某些涉农题材的悲苦晦涩，他更在镜头中捕捉到果农们为追求美好生活所付出的积极努力，他认为这才是当下农民的真实生活状态，那种勤劳乐观的精气神始终在。这一直是李汝建的风格，屡获国内国际大奖，始终不忘初心。

有人评价李汝建的从业经历是"将不情愿的事做到极致"：自幼一直想当画家，从鲁迅美术学院毕业后，却调到了大连电视台扛起了摄像机；当由他担任主摄像的《辘轳·女人和井》红遍大江南北，他准备在电视剧领域大展自己的艺术梦想时，却被调到广告部；在"不情愿"中他被广告"释放了全部能量"，所拍摄的公益广告《勿忘历史》获得大奖，代表中国参加法国戛纳广告节，为业界所震撼时，他又被委以重任，拍摄大连城市宣传片，这一拍就未曾间断，更以一部45秒的城市宣传片让大连惊艳亮相于美国纽约时报广场……初始的不情愿，一再被“痴迷投入”所替代。

在追随城市日新月异的脚步，用一部部与时俱进的宣传片收藏城市之美的同时，李汝建在纪录片的创作领域刮起“大连风”，他所拍摄的作品被中国传媒大学作为研究生的必读教材，以评委等身份在促进中国纪录片发展方面做出卓越贡献。他的纪录片成名作当数《海路十八里》，没有任何解说词，却更为客观真实地刻画了一幅海边人家原生态劳作图，打破了传统专题片主题先行、人声喧闹的常规，斩获第十七届法国FIPA国际电视节特别提名奖等诸多国际大奖。

从此越来越多的作品走上国际舞台，《老宅2003》《工地》《农夫和野鸭》……“可以说大连的纪录片在中国东北是一面旗帜，中国纪录片学界也有着‘大连现象’的说法。”谈及此，李汝建不无自豪，但更深的，是背后浓浓的责任感。《京剧，八答仓》中滨城年轻演员甘于寂寞对艺术的坚守，《农夫和野鸭》中关于人与动物、与自然关系的思索……纪实的作品拍摄太苦，但他甘之如饴。看他的片子，总能引起人深刻的思索，感受到生活的智慧以及一种深深触动心灵的共鸣。

目前，李汝建正在进行城市宣传片《大连飞啊飞》《大连我们的家》《大连新景观》的修改完善。无论面对城市宣传片，还是面对纪录片，他始终以满腔的热忱与执着投入其中。“立足大连，走出自己的优势，站在世界的角度考虑大连的现实。”他致力于在国际相关领域发出大连声音，提高大连的影响力。

守卫祖国绚丽的海之蓝

——大连海事大学航海学院教授、博士生导师　李　颖

人物简介：李颖，女，1997年3月获日本东北大学理学博士学位。现任大连海事大学航海学院教授、博士生导师、环境信息研究所所长、辽宁省船舶污染监测与检测信息化技术创新团队负责人、地理信息系统专业学科带头人。任第十二届大连市政协委员、民革大连市委常务委员、中国海洋遥感专业委员会常务委员、中国航海学会航海遥感专业委员会副主任委员、交通运输部环境标准化委员会委员、空间遥感专业委员会委员、交通安全应急信息国家实验室委员会专家等；入选国家百千万人才工程；是国家突出贡献的中青年专家；被评为交通运输部中青年领军人才、大连市特等劳模。

虽然有舒适的办公室，但身为海洋环境监测的专家，李颖却很少待在办公室里，不是在实验室里做科研，就是出现在海洋勘测船工作现场。作为一名20世纪90年代初走出国门的学子，李颖归国前曾任日本环境系统研究所(ESRI)的研究员。2005年，李颖决定放弃在日本已有的事业基础，归来服务祖国。我国原油进口、成品油输出、化学品的进出口绝大部分要通过海运解决，但当时我国的海上溢油应急反应能力仍然相当薄弱。

1993年至1994年，李颖曾在大连海事大学任遥感与地理信息系统讲师，因此回国后李颖决定重返大连海事大学，一手创办具有海事与交通特色的地理信息系统专业，填补国内在该领域的空白。为保证教学质量，李颖亲自担任多门基础课程的讲授工作，并积极开展实践课程，培养学生的实践动手能力。曾带领本科生参加第四届全国高校GIS技能大赛，取得了第一名的好成绩。目前李颖已培养了硕士

研究生41名,博士研究生17名。同时,李颖先后与世界知名GIS企业ESRI(美国)和中国的Super Map公司建立合作关系,成立了ArcGIS教学与应用研究中心和Super Map教学与应用研究中心,为遥感与地理信息系统的学生提供了自主学习及创新能力培养的基地,为我国航运发展输送急需人才。

针对国家发展战略科技目标和国家溢油应急反应体系构建的紧迫需求,李颖带领团队以海为家,研发出支撑我国溢油应急体系建设的高端装备制造产品,并在国家、行业和地区应急中起到了科技支撑作用。经科技部鉴定,科技成果处于国际领先水平,现已列入"科技成果推广目录",应用至海事局、海洋局、中石化、中石油、中海油和20个港口及钻井平台,并与中国电子科技集团共同开辟国际市场。面向"航行安全"与"海上溢油、防污染技术"合作领域,提出建设中国-东盟水上溢油遥感探测系统,促进中国-东盟"一路一带"国际合作,切实提高我国在海上溢油应急快速反应领域的国际话语权和履行国际海事公约的能力。

李颖教授及其团队致力于将研发的产品遍布于沿海港口、海上钻井平台以及航行于大海的船舶上,组成一个物联网立体监测体系,用科技的力量为我国的蓝色国土安全保驾护航,为中国梦的实现抹上绚丽的海之蓝。

机修钳工中的专家型人才

——瓦轴集团公司高级技师　李增平

人物简介：李增平，1956 年 1 月 3 日出生，1971 年 1 月参加工作，瓦轴集团公司机修钳工，高级技师。曾荣获中国机械工业技术能手、辽宁省有突出贡献高技能人才，辽宁省技术能手、大连市有杰出贡献高技能人才、大连市技术能手等称号和大连“五一”奖章；2014 年荣获大连市政府专家特殊津贴；两次荣获大连市职业技能大赛钳工状元，并受聘为大连市人力资源和社会保障局职业鉴定中心职业技能鉴定考评员；多次参加大连市职业鉴定考评工作，是机修钳工岗位贡献突出的高技能人才。

1971 年就参加工作的李增平钳工基本功扎实，岗位操作技艺过硬，特别是在平台划线方面更能凸显自己的特长和优势。他勇于创新，积极钻研新技术、新工艺、新材料和新装备方面的技能，在大、精、尖及进口设备维修及疑难故障的排除方面有独到的技能，为企业解决了大量技术难题。

通过不断的钻研，李增平在 3MTGK4370 数控高精度圆锥滚子球基面磨床上，针对磨削进给自动补偿机构改制课题方面有新的突破，解决了该种高新技术磨床在加工精密滚子作业中，由于砂轮的消耗、环境因素等影响，依靠人工调整无法保证精度稳定的难题，该项目曾荣获大连市群众性技术创新成果奖。

他还使 KЦ250 内孔磨床历经两次全面改制创新及性能提升，投产后达到加工轴承圆锥滚子压型模具的工艺要求。改制中将头架主轴部做整体更换，并将有级变速改为变频可调无级变速，使模具内孔盲孔磨削加工更加适应宽泛的规格要求和质量要求，目前国内市场还没有相同性能设备的替代产品。

在轴承圆锥滚子压型工序中，φ18 直径以上的规格都需要压力机压制，而过去的传统切料做法是依靠人工操作，切料过程人不离机，操作者持料逐个切断，不但劳动强度大、产量低且切料长度控制不准，质量难以保证。他设计并制作了压力机自动切料装置后，使产量提高了 43%，产品质量达到了 100%合格，自动化水平的提升也由原来的人工操作改为操作者脱机切料，产生可观的经济效益。在 200t 油压试验机的改制创新上成绩显著。这是一台专门用于装配轴承圆锥滚子压型下模的关键设备，长期使用出现了液压油接口漏油和单轴双蜗杆折断的两项顽疾，复修率高，经过不懈努力攻关，现已得到根治。

这些年来，李增平先后获得集团公司特殊贡献奖 8 项，技术成果经应用已转化实现产值和社会效益的总体收获，获得发明专利 2 项、实用新型专利 1 项，为公司的技术进步做出了贡献。

李增平十分重视高技能人才的培养，把自己的经验和技能无保留地传授给徒弟。他重视发挥大连市技能鉴定考评员的作用，努力提高被考评人员的岗位技能，体现了良好的社会效益。他也是公司技术比武、岗位练兵专家组成员，为公司技能岗位员工的技能提高，做出了贡献。

李增平是专家型的机修钳工，是瓦轴集团公司乃至国家的宝贵人力资源，是推动行业技术进步不可多得的高技能人才。

处处为患者着想的眼科专家

——大连市第三人民医院眼科系主任、主任医师、医学博士　张立军

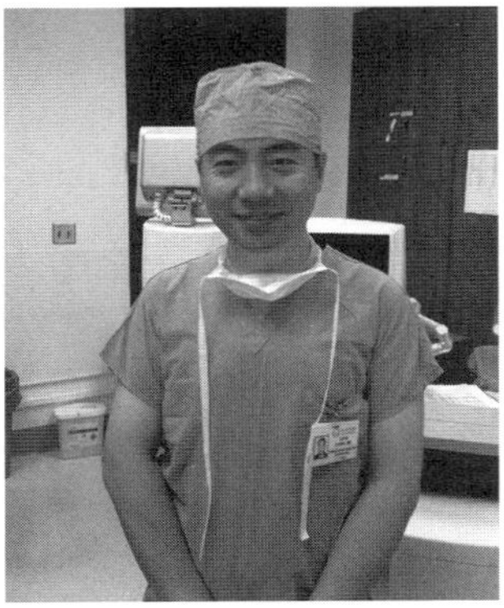

人物简介：张立军，大连市第三人民医院眼科系主任、主任医师、医学博士，2014年享受大连市政府特殊津贴。从事眼科临床工作近20年，美国白内障屈光手术协会会员、全国准分子激光手术专家组成员、中华医学会激光医学分会委员；中华医学会辽宁省眼科分会屈光手术学组委员。曾在美国哈佛大学眼耳鼻喉医院及加州大学洛杉矶分校近视眼激光治疗中心做访问学者；日本东京齿科大学市川综合病院眼科做高级访问学者；曾代表中国专家在世界最权威的美国白内障屈光手术大会和欧洲白内障屈光手术大会上发言。在大连地区乃至东北三省率先开展有晶体眼人工晶体植入手术治疗高度近视。

提起张立军，大家的印象都是“阳光帅气，幽默又沉着”。今年45岁的张立军1993年以优异的成绩毕业于白求恩医科大学(现吉林大学白求恩医学部)，硕士研究生期间，师从于中国工程院院士谢立信教授，博士研究生期间师从著名角膜病专家蒋华教授。在大连地区率先开展多项代表国内及国际先进水平的近视眼及眼角膜手术及治疗技术。

张立军每周出诊两次，周一在屈光中心，主要看近视眼和准分子激光手术的患者，周四在眼科门诊，主攻角膜疾病。“小眼科，大世界”在他这儿体现得最恰当：一边儿是年轻的学生、白领，一边儿以北三市的农民居多。每次出诊，他都要“变身”，费尽心思地考虑到病人的方方面面，如怎样不让农民患者多做一项检查，也不会有遗漏；不做手术，可不可以解决患者的疑难问题。

在一次次的思考中，他找出了一条又一条创新的路。大连有着大量的渔民，翼

状翼肉就成了发病率奇高的眼科疾病。25%的手术复发率，让大多数医生在跟患者交代病情时心里都没底，往往都要加上一句，“这手术后很可能复发”。1998年，张立军研究生毕业，回到大连后，率先利用国际最先进的理论改良了翼状胬肉的手术方式。单纯地将胬肉切除不再是手术的最后一步，他还要从健康的地方移植一块带有角膜缘干细胞的球结膜组织，促进伤口最佳再生，对复发起到了天然的屏障作用。这种手术方式一直延续至今，成功地将他，也将整个医院翼状胬肉手术的复发率从25%降低到了2%以内。

在大连，另一种多发角膜疾病就是真菌性角膜溃疡，这是一种致盲性极高的眼科疾病，百分之九十以上的患者都是农民。一般来讲，药物无法控制、接近失明的真菌性角膜溃疡只能通过角膜移植来解决，可仅初次手术费用就需要5万元，后续的治疗费用更是他们难以承受的。“他们宁可把眼球摘了，也拿不出这么多钱治病。”为了保住这些“顶梁柱”的眼睛，张立军开创了“病灶切除联合角膜绷带镜”手术，费用不足角膜移植手术十分之一。大多数患者在术后都能继续下地干活了。

他能想办法将角膜移植变成一个高难度的“小”手术，也能让“小”手术变成不手术。2006年，他率先开展了硬性角膜接触镜治疗圆锥角膜，让数百位患者避免了手术，佩戴特殊的“隐形眼镜”就能治疗圆锥角膜；2010年，他又率先开展了绷带性角膜接触镜治疗大泡性角膜病变，让那些丧失了视力、疼痛难忍的病人找到了最佳的缓解方法。

2002年，他率先成立准分子激光近视眼治疗中心，开展了LASEK手术。2007年，治疗高度近视的国内第一例有晶体眼人工晶体植入术(ICL)在上海完成。第二年，张立军便以接轨国际的技术水平，让大连的高度近视患者不出滨城就享受到了同等的“待遇”。从准分子激光近视眼治疗中心成立并发展到今天的屈光治疗中心的这13年时间里，不仅有两万只眼睛在他那双巧手下摘掉了眼镜，他还给大连的屈光手术带来了接近国际先进水平的巨大贡献。

分子反应动力学研究领域领军人才

——大连化学物理研究所研究员　张东辉

人物简介：张东辉，中国科学院大连化学物理研究所分子反应动力学国家重点实验室主任。1967 年出生，中国科学院大连化学物理研究所研究员、博士生导师。1989 年毕业于复旦大学物理系，1994 年在纽约大学物理系获得博士学位。先后在纽约大学、芝加哥大学从事博士后研究；2004 年被聘为大连化学物理研究所研究员。

2012 年被评为辽宁省首批"十百千高端人才引进工程"千层次人选。相继获得辽宁省自然科学奖一等奖（2007 年，2013 年），国家自然科学奖二等奖（2014 年）。

张东辉长期以来一直致力于量子动力学理论与计算新方法的发展和分子体系高精度势能面的构造，并通过与实验，在化学反应动力学研究领域做出了突破性的研究工作。共发表论文一百七十余篇，以通讯作者或共同通讯作者的身份在"Science"上发表了 8 篇文章、在"PNAS"上发表 5 篇文章等，受邀为《美国物理化学年度评论》写综述文章。主要研究方向是气相反应动力学研究、复杂体现的量子动力学研究和高精度势能面的构造。

发展和运用有效的量子动力学方法研究气相分子反应动力学。对于小体系问题，如 $H+H_2$，$F+H_2$，$O+H_2$，$H+O_2$ 等三原子，H_2+OH，$H+H_2O$，$OH+CO$ 等四原子反应，运用含时波包法进行严格的态—态水平的全维量子动力学研究，并注重这些反应中的非绝热现象。对于如 $Cl+CH_4$ 这种多于四原子的反应体系，注重于建立有效的减维模型，力求在现有的计算机条件下进行最精确的计算。

为研究更复杂的量子动力学问题，如质子氢原子在生物分子中的转移，氢原子在固体表面以及固体中的扩散，分子在固体表面的吸附与离解等，张东辉致力于发展和运用含时波包法、过渡态波包法，以及连续组态含时自洽场方法，并注重开发与利用基于 MPI 架构的大规模并行计算方法。

高精度势能面是第一性原理精确研究分子反应动力学的基础。为精确研究多原子分子体系的动力学问题，通过高精度的从头算法构造精确的多原子分子体系的势能面，然后运用有效的势能面构造法构造一批高精度势能面。

张东辉通过理论方法发展和高效计算程序开发，推动了量子反应动力学研究从三原子到四原子、多原子体系的发展，并在分子-表面解离吸附动力学研究方面得到应用。其理论研究不仅可以解释实验，并在一定程度实现了预测和检验实验。通过与实验的密切结合，提高了我们对化学反应的认识，推动了反应动力学研究的发展，也使我国在该领域处于国际领先水平。

拳拳赤子心 深深教育情

——大连市第二十高级中学校长 张启超

人物简介：张启超，1961 年 4 月出生于大连，现任大连市第二十高级中学校长；先后获得辽宁省专家型校长、辽宁省特级教师、辽宁省骨干教师、新疆维吾尔自治区优秀教育工作者、大连市优秀教师标兵、大连市物理学科带头人等荣誉称号，享受大连市政府特殊津贴。张启超将"办人民满意的教育"作为一生的教育理想。

翻开张启超的荣誉簿，各级各类荣誉多达几十个，但其中他最看重的就是省特级教师称号。"这是对教师的最高评价，是我还是年轻教师时就追求的梦想。"张启超从师范院校毕业后在大连第二十四高级中学(以下简称"二十四中")担任物理教师，其间指导学生参加国家奥林匹克物理竞赛，实现了大连市高中物理奥赛奖牌零的突破。张启超现兼任辽宁省教育学会高中物理专业委员会副理事长，大连市教育学会高中物理专业委员会理事长，曾担任大连市特级教师评审专家组组长。担任校长以来，他依然投身一线教学，至今仍担任学校尖子生的辅导工作。

可以说，张启超是从教学第一线逐步走向管理岗位的。做校长 8 年，他先后任职于两所办学理念、办学特色，乃至办学条件、办学规模都有着很大差别的高中，凭借着丰富的教育教学经验和出色的教育管理能力，在短时间内把两所学校都打造成学生、家长满意的学校，得到了社会的广泛赞誉。

特别是 2011 年开始，就任第二十高级中学(以下简称"第二十高中")校长后，着眼于全学科推进，他提出了有效的教学理念，于 2012 年完成了国家级教育课题"普通高中课堂教学改革的深化研究"的子课题——"有效教学的实践研究"，该课题被评为全国优秀课题，他的论文获得国家级一等奖。首创“五省一市”同课异构教学研讨活动，提升了教师的专业素养；答疑课、有效作业等措施的实施，推动了学生素质的大幅度提高。

“勤学、善思、敏行，强体、健心、养德”。一走进第二十高中大门，主楼两侧刻着的两行大字映入眼帘，从这 12 个字中可以感受到学校育人的理念。从教 31 年，张启超以校为家，躬耕杏坛，乐此不疲。在重视教学的同时，以人为本，以润物无声的“三自教育”，育人于心，立德树人。

作为辽宁省首批重点高中、辽宁省示范性高中，大连第二十高中建校八十多年来，薪火相传，形成了自己的办学特色。学校“有效教学”和“三自教育”比翼齐飞，民族教育更是成为一道亮丽的风景线。自 2000 年承办新疆内地高中班以来，大连第二十高中至今已为国家培养了 1897 名优秀的天山学子。张启超始终心系民族教育，第一届新疆班学生就是在他的呵护下顺利毕业的，学生们亲切地称他为“超爸爸”。2014 年，第二十高中荣获国务院授予的“全国民族团结进步模范集体”的称号。国务院总理李克强于 2013 年到学校视察慰问广大师生，对学校的工作给予了肯定：“你们办了一所好学校，要把你们的先进经验向全国推广。”

捧一片赤诚，洒一腔热忱，用一生的光阴矢志不渝地坚持立德树人、办人民满意的教育，演绎了张启超奋斗不息的人生轨迹，谱奏了他真心为人、虚心为学、潜心为教、公心为政的人生赞歌。

她让大连文化地标光荣绽放

——大连人民文化俱乐部经理　张荣荣

人物简介：张荣荣，大连人民文化俱乐部经理。1959年出生，一级艺术指导，享受大连市政府特殊津贴。2009年被评为辽宁省文化先进工作者；2010年被评为第六届辽宁经济与社会发展十大创业女杰；2010—2011年度大连市优秀共产党员；2011年度被评为大连市文艺界十位有影响人物；2013年获辽宁省三八红旗手、辽宁省五一巾帼“十佳”标兵荣誉称号，并荣获五一劳动奖章；2014年被评为大连市第六批优秀专家。

从每年不到30场演出到每年三百多场演出，从濒临倒闭到名震全国，大连人民文化俱乐部的光荣绽放，让张荣荣这个名字载入大连文化史册。

当上大连人民文化俱乐部经理那年，张荣荣已经50岁了。面对的是几个月没开工资的员工和两千多万元的外债，她全身心地、忘我地挽救这个千疮百孔的剧院，不到一年就取得了令人瞩目的成绩——大连人民文化俱乐部的演出品种和场次均排在东三省第一位。

短短三年，张荣荣就带着团队走出困境，走向光荣。2012年，大连人民文化俱乐部成为中国行业演出协会的理事单位；2015年，张荣荣本人被评为全国文化产业十大新闻人物。而这些成绩的背后是她始终坚持的惠民文化理念。2010年，第一届亿达之声艺术节，让大连市民眼前一亮；紧接着，海昌音乐节、万科话剧节、建行之声大连新年音乐会等陆续登台亮相。如今，亿达之声艺术节已经举办六届了，万科话剧节也已举办四年了，不知不觉间成了市民认可的大连文化品牌。

6年来，东方歌舞团、总政歌舞团、国家京剧院、中国歌剧舞剧院等国内一线院团都来过大连演出，来自俄罗斯、法国、美国、澳大利亚、新西兰、韩国等国际团体也喜欢上了大连的演出市场。由大连人自己组建的大连爱乐民族乐团，现在已达到让中央民族乐团竖大拇指的水平。大连四十多个演艺社团都登上了人民文化俱乐部的舞台，与此同时，大连人民文化俱乐部还把大连话剧团的优秀剧目推向全国。

致力于儿童早期发展学科的开展和建设

——大连市妇幼保健院、大连医科大学附属
大连市妇产医院副院长　肖绪武

人物简介：肖绪武，主任医师，教授，硕士生导师，医学博士，2014年享受大连市政府特殊津贴，现任大连市妇幼保健院、大连医科大学附属大连市妇产医院副院长。兼任中国妇幼保健协会儿童早期发展专业委员会常务委员、全国儿童早期发展"新苗儿"计划项目国家级专家、中国医师协会儿童健康专业委员会委员、辽宁省医学会儿科分会儿童保健学组副组长、辽宁省预防医学会儿童保健专业委员会副主任委员、辽宁省预防医学会妇幼营养专业委员会常务委员、大连市预防医学会儿童保健专业委员会主任委员、大连市儿童死亡评审专家组组长。

在大连市，提起肖绪武，很多人会不自觉地想到儿科以及儿童保健，因为肖绪武是这个方面的权威。肖绪武长期从事儿科及儿童保健专业的临床与理论研究。

肖绪武从事医学领域儿科、儿童保健工作27年，既是我市儿童保健业务工作的管理者和实践者，又是我市儿童保健业务工作的学术带头人。为贯彻《母婴保健法》和《大连市儿童发展纲要》，圆满完成降低婴儿及5岁以下儿童死亡率的政府指标，在预防出生缺陷发生率，提高我市出生缺陷儿、早产低体重儿、高危儿的生存质量，促进0～6岁儿童生长发育的健康发展等方面取得了卓越的成绩，做出了突出贡献。近五年来，主要开展儿童保健领域的早产低体重儿的影响因素、出生缺陷儿的康复、儿童营养及婴幼儿的科学喂养、儿童早期健康促进等方面的研究和临床工作。他主持大连市科技局下达的"大连市早产低体重儿发生率及其相关影响因素研究”课题，参与国家自然基金课题“TLR4 信号通路在饮食诱导肥胖相关性下丘脑炎症反应中的作用机制及干预研究”、省卫生厅课题“窒息新生儿的远期预后评估及干预模式研究”，完成了大连医科大学合作课题“大连市出生缺陷早诊早防的研究”。其中，参与的课题“新生儿耳蜗损伤与高胆红素血症相关关系的研究”获市科技进步三等奖；“大连市早产低体重儿发生率及相关影响因素研究”的部分研究成果和干预措施被政府制定卫生政策时采用。

肖绪武坚持带教研究生和本科生教学工作，承担大连医科大学本科儿科学的教学任务，任儿科教研室主任；已带教毕业硕士生 10 人，出版儿童保健及儿科专著两部，发表国家级学术论文二十余篇。

在行业改革方面，他将大连医科大学附属大连市妇产医院儿童保健门诊进行了整体改革，给我市儿童带来了便捷和实惠。他将该院的儿童保健门诊总体划分为儿童生长发育、儿童心理、儿童营养与喂养、儿童发育偏离、儿童康复、儿童早期发展六大亚专科，每位医生均相对固定于亚专科专业的发展，加强人才队伍建设，使该院的儿童保健学科特色鲜明，学术含量大幅提高，儿童保健水平和社会影响力一跃成为东北三省龙头，在全国范围内已有较高影响力。近年来，他潜心致力于儿童早期发展学科的开展和建设(任学科带头人)，在该院开办了儿童早期发展中心，而且是在大连市第一个提出“养中学”儿童早期发展理念的专家。在他的带领下，该院儿童早期发展专业被国家妇幼保健中心确立为全国妇幼保健机构专科建设试点单位，同时，也是东北三省唯一一个儿童早期发展试点单位。

阀门设计、研发、制造的探索者

——大连大高阀门股份有限公司总工程师、副总经理 肖 箭

人物简介：肖箭，1963年出生，现任大连大高阀门股份有限公司总工程师、副总经理，教授级高级工程师。先后担任全国阀门标准化技术委员会委员、中国机械工程学会流体工程分会阀门与管道专业委员会委员、中国阀协科技专家委员会委员、大连理工大学校企合作委员会委员。带领科研团队完成百万千瓦级核电站泵阀国产化项目，并参与了产品设计、制造、安装、调试等各阶段的技术支持和服务工作，该产品荣获国家能源局科技进步一等奖。

肖箭，在三十多年的工作历程中，一直从事阀门设计、研发及相关工作。通过多年来的不懈努力，取得突出的工作业绩，并多次荣获国家级、省部级奖项。他主持的各项研发、科研项目均代表国内、国际的先进技术水平，具有国际市场竞争力。

肖箭是阀门行业科学技术领域专家。在国家新能源发展（三、四代）核电、超（超）临界火电机组、LNG液化天然气、柴油加氢油品升级等关键阀门科研项目中，在海军某舰船关键系统阀门研制项目中，在将新技术新工艺成果转化为生产力项目中，在公共试验平台工程实验室建设项目中，其研究成果取得突破，解决了关键过程技术难题，使研发技术达到国内领先、国际同类技术先进水平，并取得显著经济和社会效益，为我市经济产业调整、新能源发展、产业安全、国防事业做出了贡献。

近五年来，主持编写国家标准1项，行业标准3项；承担多项国家重大专项等科研任务：

1. 国家 863 计划,(第四代核电)高温气冷堆燃料装卸系统(子课题)安全一级电动阀研制项目。

2. 国家能源局“超(超)临界火电机组”关键七类阀门国产化项目。

3. 国家科技重大专项大型先进压水堆及高温气冷堆核电站主蒸汽隔离阀制造技术研究。

4. 国家重大科技成果转化项目“不锈钢抗高温冲蚀表面工程”。

5. 国家重大科技专项,第三代大型先进压水堆核电站 CAP1400 五类关键阀门设计技术研究(子课题)项目。

6. 国家能源局大型液化天然气(LNG)装备国产化,超低温阀门项目。

7. 为海军舰艇办研制大型水面舰(辽宁号)、水下 094 核潜艇等关键系统多项阀门科研任务。

上述研制课题已签订销售合同 3 个多亿人民币,每年为企业创造经济效益上千万元。获国家能源局科技进步奖一等奖 1 项,中国机械行业科学技术二、三等奖 3 项,辽宁省科学技术、新产品二、三等奖 7 项。授权发明专利 2 项、实用新型专利 9 项,撰写论文被 SCI、EI 等收录 4 篇,2012 年获国家能源局颁发的“超(超)临界火电机组关键阀门国产化工作中做出了突出贡献”表彰。

目前,肖箭正带领大连大高阀门股份有限公司科技研发团队向更高目标冲击。解决大口主蒸汽隔离阀、爆破阀等关键技术难题,为我国阀门行业发展做出贡献。

创新工艺工法　当好班组火车头

——大连船舶重工集团有限公司船舶电工　宋　丹

人物简介：今年 50 岁的宋丹，是大连船舶重工集团有限公司（以下简称“大船集团”）的船舶电工。1989 年他进入大连造船厂电装车间，从事船舶电工工作，负责船舶电缆拉放和电气设备的调试工作。这些年来，他通过自身努力，已成为一名既懂技术又善于管理的多面手。在参加大船集团专项工程建造中，他发挥自身的业务特长，大胆革新工法、技法，为专项工程生产提高效率，缩短周期，保证节点，降低成本做出了突出的贡献。

宋丹先后在大船集团多型产品建造中担任电工大领班，负责机舱区域电气施工工作，并独立完成了主配电盘、焚烧炉、燃油单元的交验工作。在 6.5 万吨焚烧炉调试过程中，他发现设备内部接线和外部接线图纸存在误差，由于交船期限临近，请国外厂家到厂服务一定会耽误工期，于是他通过对设备内部所有线路逐一检查核对，重新进行了电气线路的配线接线，在锅炉班师傅的配合下，顺利完成了焚烧炉的调试交验工作，受到船东、船检的一致好评。

在担任班长后，他先后带领班组员工完成了 7.6 万吨油船等多型产品的电气施工工作。其中 AH23、AH48 系列拖船是大船集团首次承接的高附加值船，船只空间小，自动化程度高，很多设备是首次使用，由于前期施工经验不足，电气施工影响了船只的整体施工进度和交验质量。他带头向技术部门借来随机资料，和工艺人员认真研究讨论相关技术问题的解决方法，并利用自己的经验和电气工艺知识，对船上各种电气技术问题、工艺难点逐一解决，受到船东、船检的好评，为电气施工的顺利进行和船只的按期交工做出了贡献。

一枝独秀不是春，百花齐放满园春。在不断提高自身技术水平的同时，他从未忽视对身边青年技术人才的培养，先后带出了多名高徒，如今他们都已经成为各自岗位上的骨干。

俗话说“火车跑得快，全靠车头带”，一个班组管理得好坏，很大程度上取决于班组长。作为班组生产管理的直接指挥者和组织者，班组长肩负着提高产品质量，提高生产效率，降低成本，预防安全事故等使命，可以说，班组长职位不高，但决策不少。在实际工作中，宋丹处处发挥表率作用，当好班组前进的“火车头”。他强化班组凝聚力，培养生产骨干，树立模范典型，带领班组圆满完成了大船集团承建的诸多船舶机舱、电站两个区域的电气安装工作，其带领的班组成为最先完成区域电缆拉放的班组。电缆外观和处理工艺均受到质量部门的好评，被车间树立为标杆，带动和影响了其他电气施工单位和班组安装工作质量的不断提高。在班组成员的共同努力下，船电一班多次荣获大船集团先进班组等称号。

因工作出色，宋丹先后获得大船集团 1990、1991、1993、1996 年度先进生产者称号；1989 年青工技能比武大赛船舶电工第二名；1993 年技能比武大赛船舶电工第二名；1997 年第十五届比武大赛船舶电工第一名，并被授予状元称号；1997 年在“双过半”竞赛活动中荣立大功；2011 年集团“质量信得过个人”；2011 年“先进生产者”；海军、中船重工集团 2011 年“专项工程决战先进个人”；2012 年“全国技术能手”；2013 年“全国五一劳动奖章”等。

打造中国智能制造新模式

——大连光洋科技工程有限公司总工程师　陈　虎

人物简介：陈虎，2001 年毕业于清华大学，获得计算机辅助制造专业博士学位。他长期以来致力于数控系统、工业自动化控制、工业现场总线技术领域的研究和产品开发工作。特别是对数控系统软件构架和现场总线通信技术及先进运动控制算法有较深入的研究和实践。2007 年陈虎加入大连光洋科技工程有限公司（以下简称“光洋科技”），任总工程师职务。2009 年至今主持国家科技重大专项——高档数控机床与基础制造装备专项课题“光纤总线开放式全数字高档数控装置”暨光洋第四代总线开放式数控系统 GDS60——开发工作。该产品将极大提升国产高档数控机床的核心竞争力，获得 CCMT2010 展会“春燕奖”。

数控系统是数控机床的大脑，是替代人操控指挥机床实现自动化加工的专用计算机，也是数控机床实现高效率和高精度自动化加工的核心关键部件。陈虎带领其团队正在进行的“十二五”国家重大专项课题正是对新一代高端数控系统的开发。陈虎透露，其所在的光洋科技现正在投建世界上最大的以 24.65 万平方米恒温地下厂房为主体的“大连金普新区智能制造装备产业园”，结合该“十二五”课题的成果，将实现包括高档数控系统、伺服驱动及电机、精密智能传感、机器人、高档五轴数控机床、液压自动化、智能制造软件等智能制造关键部件和技术要素的全面布局，其目标是不仅提供智能制造装备，而且为航空航天、汽车、能源等领域及典型零部件制造提供智能制造完整解决方案，致力于打造中国智能制造的新模式，用“智能制造装备＋互联网”助推《中国制造 2025》。（注：《中国制造 2025》是国务院

2015 年公布的强化高端制造业的国家战略规划。)

在重大专项课题的支持下，陈虎带领其团队研制的 GNC60 系列数控系统通过每秒 2000 次的闭环控制运算，指挥科德五轴数控机床实现 1/1000 毫米精度的精确运动，完成了多种敏感行业装备关键零部件的加工制造。陈虎带领其团队研制的新一代数控系统科德五轴数控机床已经在包括中航工业旗下工厂的航空发动机（包括弹用发动机领域）铝合金、钛合金、高温合金材料叶轮、叶盘、机匣等关键精密零部件制造中实现五轴加工设备进口替代，打破了此前由瑞士、德国高动态精度五轴机床垄断市场的局面，为国产五轴数控机床及数控系统在航空航天领域的优秀应用示范成果。装备了 GNC60 数控系统的科德五轴激光加工中心，填补了国内大型五轴三维激光机的空白。在核电关键零部件——大型汽轮机转子叶片——加工制造领域，研制了自主知识产权的、目前世界上最大的（加工长度 3 米）、高效五轴数控叶片铣削加工中心，填补了国内大型叶片制造装备的空白。对于上述高端数控机床产品，用户评价在效率和精度方面，均达到该领域国外先进五轴机床的同等水平。这些产品的核心关键技术及数控系统等关键功能部件均由陈虎带领光洋科技的创新团队在“十二五”国家重大专项课题中攻关完成。

我国数控机床中低档产品基本满足市场需求，设计、研发和应用水平有一定提高。可以说，我国数控机床的生产总量和规模已经跃居世界前列。但我国以五轴、高速、精密为代表的高端数控机床在国际竞争中仍然处于弱势地位，与工业发达国家相比仍然存在阶段性差距，特别是以高档数控系统为代表的高端关键功能部件对外依存度较高。

她在用心书写大连的文化品牌

——大连图书馆馆长　辛　欣

人物简介：辛欣，1965 年出生。1990 年毕业于河北大学教育系外国教育史专业，教育学硕士，研究馆员，现任大连图书馆馆长、辽宁省图书馆学会副会长、全国信息与文献标准化技术委员会委员、大连市图书馆学会理事长。2011 年作为大连市文化界唯一的代表被推选参加辽宁省第十一次党代会。2012 年度被大连市政府确定为首批领军人才。2012 年受国家教育部基础教育司邀请为参加全国第二期中国传统文化骨干教师培训班的教师讲学。2012 年应美国国务院邀请作为访问学者赴美交流。

作为大连图书馆掌门人，辛欣视文化传承为己任，长期致力于文史研究、社会教育和文化服务工作。2013 年，大连图书馆参加文化部组织的全国公共图书馆评估，在“全国省级、副省级图书馆级别”中以全国总分第一名（998 分）的成绩，荣获国家“一级图书馆”称号。这也是大连图书馆连续第五次获此殊荣。2014 年，大连图书馆被文化部授予“全国文化先进集体”。

谈到大连的文化品牌，就不能不说在国内声名显赫的白云书院，而辛欣正是白云书院的首位院长。2000 年，原本在图书馆历史文献部做古籍整理工作的辛欣，被调任创立白云书院并任第一任院长。在她多年的努力下，白云书院作为国内坚持时间最长，且全部免费开放的书院，已经成为大连的文化品牌，成为城市的文化名片。十几年来，白云书院先后策划、组织了数百场白云书院传统文化系列讲座，听众逾十万人，被誉为国内图书馆界学术水平高、特色鲜明、最具影响力的讲座。2013 年，白云书院系列文化品牌获得“群星奖”，这是中国政府最高文化奖，也是大连书院第一次获得此奖。同年,白云书院被确定为“中华传统文化国家级传承基地”(全国仅有两家)。

在辛欣积极策划和推动下,“大连市古籍保护中心”于 2009 年 11 月在大连图书馆成立。由于出色地完成全国古籍普查任务,2008 年大连图书馆被国务院确定为国家首批古籍重点保护单位,全馆有近四百种文献被收入《国家珍贵古籍名录》和《辽宁省珍贵古籍名录》。其中,馆藏中极具史料价值和文物价值的、被国际上公认为“20 世纪前半期世界上最大的情报资料库之一”的“满铁资料”,藏量居世界之首。2014 年被国家文化部评为“全国古籍保护工作先进单位”。

2005 年,辛欣率先提出大连市数字图书馆建设设想,主持起草了《大连市数字图书馆建设方案》,将全市各区市县乡镇(街道)、村(社区)公共图书馆全部联网,完成本地区城乡一体化的公共图书馆文化体系建设,被国家文化部确定为全国文化示范区的重点推广项目。此项目惠及全市几百万名市民,分别被列入大连市“十一五”和“十二五”规划,是 2011 年市政府的“十五件大事”之一。该工程于 2008 年开始建设,于 2011 年底完工,大连市十三个区市(县)公共图书馆实现了一卡通联网。到目前,“一卡通”工程共有 1 个中心馆,18 个成员馆,其中区域公共馆 14 个、专业分馆 4 个,持证读者达 56.8 万人,文献资源 555 万册,年总流通量 177 万册。大连市数字图书馆一卡通工程是当时国内各省市规模最大、规划最合理、技术最先进、管理最完备、使用效率最高、覆盖范围最广、使用人数最多的数字图书馆工程。

引导学生为实现“中国梦”刻苦读书

——大连交通大学经济管理学院院长　林　莉

人物简介：林莉，女，汉族，1978年2月出生。九三学社成员，大连交通大学经济管理学院教授。2005年获得大连理工大学管理科学与工程专业博士学位，2008年工商管理专业博士后出站。自2005年大连理工大学博士毕业后进入大连交通大学工作，在教育岗位辛勤耕耘10年多。2010年7月破格晋升为教授，2013年评为三级教授，是工商管理、管理科学与工程专业硕士生导师，管理科学与工程硕士点点长。2010年起任大连交通大学管理学院副院长，2013年5月起任大连交通大学经济管理学院院长。先后受教育部、国家留学基金委资助在上海交大安泰经济管理学院、加拿大滑铁卢大学访学。

在大连交通大学经济管理学院，林莉是当之无愧的“掌舵者”和“带头人”。她是著作等身的学科带头人，又是亲切细致的学院管理者。她热爱教育事业，通过人才培养、科学研究和社会服务积极致力于以轨道交通为特色的经济管理学院建设。

在大连交通大学经济管理学院，院长林莉知识功底深厚、教学能力过硬、教学态度勤勉是公认的。她治学严谨、善于引导，以学生为中心，热心教书育人。“师者，所以传道授业解惑也。”林莉教授一直承担经济管理学院本科、研究生专业基础课程的教学任务。她以知识的传授为根本，注意科研反哺教学，把握管理前沿和热点，充分发挥教师、学生两个主体的积极性和主动性，培养学生严谨的治学作风，引导学生为实现“中国梦”刻苦读书。

针对管理学的学科特点，林莉在教学方法和手段上采取“五元教学模式”，即多媒体教学、互动式教学、案例教学、实践教学和网络教学“五位一体”，充分把现代技术、管理情景融入教学中，教学效果良好。林莉的教育教学思想先进，能把握本学科领域的前沿并引入课堂，思路清晰，具有启发性与引领性。林莉共指导全日制研究生 12 名，进行校企联合培养研究生的探索，合作培养研究生 2 名，指导研究生论文二十余篇，其中 2 名学生获得国家奖学金，1 名学生的论文被评为“大连交通大学优秀硕士论文”。

林莉还长期从事战略管理、人力资源管理方面的研究。近年来，她主持各级各类项目 38 项，其中：国家社会科学基金、国家软科学研究计划项目等国家级项目 3 项，主持铁道部科技研究开发计划重点项目、教育部人文社科项目、辽宁省科技厅等省部级项目 19 项，横向课题 13 项。完成科技鉴定 2 项。先后获得省市级奖励 28 次，包括：辽宁省哲学社会科学成果奖一等奖二等奖、三等奖；省自然科学优秀成果奖二等奖；大连社科进步特殊贡献奖二等奖、三等奖；大连市著作奖二等奖等。撰写论文八十余篇，被 EI、CPCI-S 等收录 17 次。在科学出版社、中国财政经济出版社等出版专著 9 部。

作为旅顺口区人大代表、财经委员会委员，林莉还积极建言献策。担任辽宁省管理科学学会副理事长、辽宁省经济文化促进会理事、大连市特邀研究员、大连市“辽海·海天”讲坛主讲人、大连市学术专著资助出版评审委员会委员、辽宁省科技项目、大连市科技项目评审专家。通过广泛的社会兼职，积极服务区域经济建设。作为经济管理学科的教师，在服务区域经济的同时，她努力把握社会经济发展脉搏，更好地致力于经管类人才实践环节的培养。

精细化工中的顶级专家

——大连理工大学化工与环境生命学部副部长兼化学学院院长　段春迎

人物简介：大连理工大学化工与环境生命学部副部长兼化学学院院长，教授，博士生导师，长江学者特聘教授、国家杰出青年科学基金获得者。1967 年出生，1986 年吉林大学化学系本科毕业。1989 年吉林大学理论化学研究所硕士毕业。1992 年，南京大学配位化学研究所博士毕业，同年获博士学位。

说起对精细化工的研究，不得不说大连理工大学的段春迎，他可是这方面的权威。

段春迎，1992 年在南京大学获博士学位，2006 年进入大连理工大学精细化工国家重点实验室进行教学和科研工作，任重点实验室副主任，2010 年获"国家杰出青年科学基金"，2012 年被聘为大连理工大学化学学院院长，2014 年入选教育部"长江学者特聘教授"。主要从事功能体系的可控组装与酶催化模拟等方面研究：重点是通过构建富有特色金属-有机仿生结构，研制高灵敏度专一性敏感材料；利用孔洞的约束性和催化中心的空间限制，发展高效、高立体选择性催化和光催化新材料。承担多项国家级重大与重点项目研究，已在 *Nature Communication* 等国际知名学术刊物发表论文两百余篇，论文被他人引用八千余次，获批授权专利多项。先后获得国家自然科学奖二等奖 1 项，教育部和辽宁省自然科学奖一等奖 3 项。

段春迎所领导的课题组，是大连理工大学精细化工国家重点实验室的核心研究队伍之一，2012 年度获教育部"长江学者与创新团队"支持计划资助。研究组现有教授 4 人，博士生 16 人，硕士生 12 人。在仿生生物酶模拟和不对称催化等前沿科学领域取得优异的研究成果：提出了组装富含酰胺基团袋状结构的设计策略，利用其空间约束性和多位点的协同，实现了对活细胞和血清中的生物小分子的荧光检测与高分辨成像，为新型探针材料的构建提供新的研究思路；搭建了利用配位键组装非肽生物膜和手性孔道的平台方法；利用其内禀手性和双亲性能，拓展出系列新型非均相不对称催化材料，被国际知名综述刊物《化学评论》评价为框架结构在不对称催化中的重要进展；拓展了利用有机染料构建框架结构的组装途径，实现对染料激发态和框架结构催化中心的氧化还原电位和反应速率的调制，为框架结构光敏材料的构建提供组装指导。课题组研究成员之间团结合作，已在国际主流刊物发表论文三百多篇，论文被他人引用上万次，并取得多项专利认证，在相关学科前沿开始彰显重要的影响力和引领作用。

回国十年"70后"充实地忙碌着

——大连理工大学教授、博士生导师　赵纪军

人物简介：赵纪军，1973年出生，大连理工大学教授、博士生导师，三束材料改性教育部重点实验室主任，担任 *Scientific Reports* 等四个SCI国际期刊编委。主要研究方向为低维物理、计算材料学。1992年南京大学强化部本科毕业，1996年在南京大学物理系获凝聚态物理学博士学位，导师为王广厚院士。入选爱思唯尔中国高被引学者，教育部新世纪优秀人才，辽宁省"百千万人才工程"百人层次，大连市领军人才、优秀专家。

谦逊、平和、儒雅的学者形象，是赵纪军教授给记者的第一印象。1997至2005年间，他先后到意大利、美国留学。2005年回国后担任大连理工大学教授、博士生导师。"回国整整十年，这十年来国家科教事业的蓬勃发展，给自己提供了充分的发展空间。感谢国家和学校的支持和给予的机会。"赵纪军告诉记者，十年来，他始终尽自己所能，充实地忙碌着。

赵纪军主要从事计算材料学研究，作为负责人主持四项国家自然科学基金面上项目、两项科技部热核聚变计划重大专项课题、一项973前期研究专项课题。在德国斯普林格出版社出版英文学术专著一部，在SCI国际刊物上发表论文三百多篇，总引用八千多次，入选爱思唯尔2014年中国高被引学者（物理与天文学第七名）。

赵纪军发展了团簇基态结构的全局优化程序，系统性地揭示了团簇的结构演化规律；建立了有效配位数模型，解释了过渡金属团簇电磁特性的尺寸和结构效应；从团簇成核的角度出发，阐明了石墨烯和硅烯等二维单层材料在金属衬底上的

外延生长机理，他因此作为第三完成人获国家自然科学奖二等奖。此外，他建立了碳纳米管/石墨烯与表面吸附分子、官能团、金属原子之间相互作用的基础物理图像，对碳纳米材料的化学改性和物性调控规律进行了一系列成功的理论预言，多次被实验验证。赵纪军撰写的论文被诺贝尔物理奖获得者安德烈·海姆和康斯坦丁·诺沃肖洛夫等知名科学家多次引用，两次被国际同行誉为“先驱计算研究”。

赵纪军长期在第一线从事教学工作，积极探索物理精英人才培养新模式，参与“王大珩物理科学班”的建设和规划，多次获省、校教学成果奖。担任博士生导师以来，已培养毕业博士生 15 人，硕士生 9 人，其中一人的论文获全国优秀博士论文提名奖。

谈到未来的打算，赵纪军告诉记者：“发挥自己在计算材料学领域二十多年积累的研究经验，率领研究团队，发展具有自己特色的研究方法，对若干与国家重大需求相关的材料和处于国际前沿领域的低维材料开展深入研究，做出高水平的原创性成果。同时，希望今后能够培养出更多的优秀人才，在自己长期从事的领域里，做出有特色的成果，也让中国科学家在国际上有一席之地和更多的话语权。”

医院的大家长 学生的好导师

——大连医科大学附属第二医院院长　赵作伟

人物简介：赵作伟，1972年出生，中共党员，医学博士，普外科教授，博士生导师，大连医科大学党委常委，大连医科大学附属第二医院院长。从事普外科临床、科研及医院管理工作二十多年，精通普外科各种疾病的诊断及治疗。入选辽宁省“百千万人才工程”百人层次，获得大连市十大杰出青年、大连市十大青年科技标兵等称号。

从事临床和教学工作已有二十多年，从事医院的管理工作也有十余个年头了。在患者的眼中，他是一位医术高超的普外科医生；在同行的眼中，他是一位让大连医科大学附属第二医院（以下简称“大医二院”）快速发展的领头人；而在学生眼中，他又是一位严厉有余而又关怀备至的好导师。赵作伟，大医二院一位年轻的大家长，在他的带领下，这家医院正向着人性化、现代化、国际化的目标稳步前进。

赵作伟从医二十余年来，以高尚的医德、精湛的医术赢得了患者的尊重和社会的认可。在普外科疾病，尤其是乳腺及胆胰疾病的诊断、治疗方面积累了丰富的临床经验，能够独立完成普外科多种高难度手术，如乳腺癌改良根治术、乳腺癌保乳根治术、甲状腺癌颈廓清术、胃癌根治术、右半肝切除术、胰十二指肠切除术等。严谨的科研态度、精湛的医疗技术得到了同行的一致认可。

作为医院的大家长，赵作伟也是一位优秀的管理者。2012年底，面对着医院员工缺少“精气神”，自信不足，医院影响力不大，学科特色不鲜明的状况，他提出了“不空想、不抱怨、有激情、在状态”的十二字方针，并在此精神的指引下带领全院上下齐心协力攻坚克难。经过近两年的发展，医院的内外环境变美了，医院的知名度也随着医疗水平的进步而有所提高。特别是在医疗改革方面,赵作伟带领的大医二院始终立足公益性和社会责任,走出了一条与新医改结合的创新之路。率先在辽南地区建立了以信息化为支撑,纵向贯穿三级医院、二级医院、基层医疗机构,横向覆盖疑难重症诊疗、急诊急救、居民健康管理的多维度三级联动医联体模式的医疗联盟。医疗联盟的实践也在客观上促进了分级诊疗新秩序的形成。

此外,自2012年以来,赵作伟开始在医院推行亚专科分科和建设。"亚专科建设是一块硬骨头,但势在必行",这是赵作伟院长常常挂在嘴边的一句话。经过全院上下的共同努力,医院三年来已完成59个亚专科分科。

赵作伟在承担临床及医院管理工作任务的同时,始终坚持在教学第一线。作为研究生导师,他更是认真负责,在学业上对待学生很严厉,在生活上则会给予学生无微不至的关怀。他所指导的研究生科研成果论文已有多篇在国内外杂志发表。

变废为宝，期待燃煤少变雾霾

——大连众瑞供热工程有限公司总经理　姚伟君

人物简介：姚伟君，大连葆光节能空调设备厂总经理，大连众瑞供热工程有限公司总经理，教授研究员级高级工程师。1985年毕业于北京轻工学院机械系。1985—1991年在新疆安装发电锅炉。1991年到开发区自主创业。大连市政府特殊津贴专家、大连市第六批优秀专家等。

冬季燃煤、工厂废热排放供暖是产生雾霾的主要原因之一，10年前，姚伟君已开始研究这样一个课题：一方面电厂和工厂有大量的废热白白排放掉，污染环境，另一方面我们为取暖还要燃烧大量的燃煤，如果把工厂排放的热能回收起来用于供暖，就可以变废为宝，达到了节能、环保又有效供暖的目的。2006年，他的这一研究就已获得国家专利，开始在全国推广。

姚伟君十年如一日，致力于工厂与电厂的废热回收。废热回收是怎样的原理呢？众所周知，电厂发电效率不到40％，其余60％的热量要排放到环境当中，这是发电的代价。热电联产电厂规模越来越大，热电联产机组很多是30万千瓦以上机组，这样的机组在供暖时，它的能源分配比例是：发电30％、抽气供热30％、废热排放30％、烟气和炉渣等排掉10％。“30％的废热，需要消耗水和电把它排放到环境当中，这些热量没有被回收利用实在是太可惜，我们城市当中有大量的废热可以回收用于供暖。我国的能源利用效率相比于发达国家低15％以上。”姚伟君了解到这些情况后，开始致力于这些废热资源的回收利用。

2006年，他在国内最早申请了电厂余热回收的发明专利《扩大热电联产供热规模的方法》(国家发明专利:ZL200610099043.5),现在这项技术已经被多个城市所采用。该发明专利的原理是这样的:电厂有大量的废热通过冷却塔或江河湖海排到环境当中,以大连市为例,热电厂每天通过冷却塔或海水冷却排放掉的废热相当于1万吨以上燃煤燃烧所产生的热量,但这些热量只有30℃,品质较低,有量无质,能量有双重性,既有量性又有质性。在供暖时从汽轮机抽取300℃左右的蒸汽换热,换成110℃的热水,输送到小区供暖,根据热力学第一定律《能量守恒定律》把蒸汽的热量使用了,可是把蒸汽的品质降低了,蒸汽由原来的300℃降低到110℃,这样来看电厂有两部分废弃的热能,一半是有量无质的废热,一半是有质无量的蒸汽品质,它们单独都不能成为供热产品,通过一种技术手段把它们合在一起就能成为供热产品90℃的热水,这样电厂的废热就可以变废为宝,为居民供暖了。

经过不断的探索实践,由于城市迅速发展,管网的输送能力成为供热发展的又一瓶颈,现在的供暖是110℃供水60℃回水,供回水温差只有50℃,如果能把管网温差拉大,输热能力就会大幅度增加,因此姚伟君又申请了拉大管网温差的发明专利《大幅降低热电联产集中供热温度的系统》(国家发明专利:ZL201310643880.X),可以使管网的回水温度降低到5℃以下,这样管网的输送能力提高了1倍以上,减少了管网的改造投资,提升了管网的输送效率。由于供热管网回水温度极低,工厂企业的废热加入到供热管网系统中,成为居民供热的热源,这两项技术在国内多个城市已被采用。“如果该技术推广普及,我们生活的穹顶之下将摆脱雾霾,重见碧海蓝天。”姚伟君心怀这样的期待。

船舶设计来不得半点虚假

——大连船舶重工副总工程师　姜福茂

人物简介：姜福茂，1966年出生，1989年毕业于上海交通大学，2011年取得大连理工大学工程硕士学位，毕业后一直从事船舶设计、开发及海洋工程设计建造方面的研究。现任大连船舶重工集团有限公司副总工程师，设计所常务副所长，研究员级高级工程师。入选辽宁省第四批“百千万人才工程”百人层次，辽宁高层次科技专家库专家，获得国家能源局科技进步奖等诸多荣誉。

约访姜福茂，算是比较幸运，在外地出差的他，刚好回到大连，没想到的是，采访当天，姜福茂竟是带伤来的。脚骨骨裂对姜福茂来说，算不了什么，先前他正是这样一瘸一拐到北京参加了工作会议。和大连船舶重工集团有限公司（以下简称“大船集团”）打交道这二十多年来，姜福茂在船舶开发设计和技术岗位上积累了丰富的船舶设计和新船型开发经验，成就了不平凡的业绩。

2009年，由姜福茂负责4250TEU巴拿马型集装箱船的设计建造，该项设计开发，为大船集团占领集装箱市场提供了技术基础，共承接订单49艘。该船型是目前最大系列的船型。经过设计和建造技术的创新，该船的建造水平和周期达到了韩国同类产品的水平，为国内船舶企业技术进步做出了贡献。

因大学所学的是海洋工程专业，姜福茂被调到负责海洋工程的项目领域。他主持的国家发改委“十一五”重大装备项目：深水半潜式钻井平台设计建造技术研究课题，获得2010年中国船舶重工集团科学技术一等奖、2010年中国造船工程学会科学技术二等奖、2011年国家能源局科技进步一等奖。姜福茂回忆，“干第一条船很难，主要难在总体性能、重量控制、总体布局这三方面，还好自己学生时代所学的基础知识派上了用场，船东也给我们提供了不少国外船舶资料作为参考，当时我们与美国的一家设计公司合作，他们给我们提供了基础的设计资料，而更详细的设计完全都是我们自己研究的”。凭借着虚心好学、不怕吃苦、刻苦钻研的精神，姜福茂和他的团队不仅完成了第一条深水半潜式钻井平台的设计建造工作，还在这条船上发明了几个专利，得到了船东的认可和赞许。

姜福茂组织研究的成果已经全部应用到实际产品的研发和建造当中，相关产品实现了产业化，为企业开拓了新的领域，调整了产品结构，更带来了可观的经济效益。以深水半潜式平台为例，目前已经承接了 4 个同类型产品，实现收入超过 5 亿美元。

“搞设计来不得半点虚假，如果出了问题，早晚是要被发现的，而到时候会出大问题，不好高骛远，把眼前事脚踏实地地做好。我这样要求自己，也同样规定干活的人在工作上不能有所隐瞒。”姜福茂用朴实的话总结道。

用智慧指引青年人的成长

——大连海事大学公共管理与人文学院院长　秦　龙

人物简介：秦龙，男，1973年出生，现任大连海事大学公共管理与人文学院院长，二级教授，博士生导师。先后在辽宁大学和北京大学获得哲学学士、法学学士、哲学硕士和哲学博士学位。2005年7月破格晋升副教授，2007年7月破格晋升教授。任校学术委员会委员，马克思主义哲学、公共管理学一级学科负责人。2000年8月至2001年8月公派到韩国江原大学研修，2015年公派到澳大利亚昆士兰科技大学做访问学者。

十分不巧，当记者联系秦龙教授时，他正在澳大利亚长期访问，无法与记者进行面对面的交流。对秦龙教授的采访更多的要通过他的学生们帮忙。

秦龙主要致力于公共管理、公共哲学与当代中国社会发展问题研究。多年来在《政治学研究》、《光明日报》理论版、《社会主义研究》等刊物上发表学术论文一百三十余篇，主持和承担国家级、省部级科研项目五十余项。

在外人眼中，秦龙研究的是意识形态领域的大课题。在学生眼中，秦龙是一名好老师。秦龙带的一名硕士研究生告诉记者，刚入学时对于老师布置的科研任务很长时间都是毫无头绪，无从下手，但是又不敢告诉秦龙老师。秦龙得知这一情况后，先是肯定了他曾经的学习成绩，然后又平和地安慰他，刚刚从本科生过渡到研究生时可能都会有一个瓶颈期，一旦突破这一瓶颈期就会升华为一位优秀的研究生。秦龙还鼓励这名学生要主动探索、勤写论文，并细心地教他怎样搜索筛选资料等。在秦龙的帮助下这名原本不自信的学生现在已经成长为一名科研能力强、发表论文较多的优秀研究生。

作为“70 后”的年轻院长、教授、博士生导师，在长期的教学实践过程中，秦龙总结出一套独具匠心的教学方法，实行以学生为主的“合作讨论式”教学模式，提倡民主教学，善于引导学生大胆质疑，并和他平等讨论。秦龙有机结合“导”的艺术、“引”的技巧、“帮”的热情，使他和学生们的关系充满了真情、友情。正是在这样的教学实践中，他和学生打成一片，教学相长，共同提高，成为学生的学习伙伴和探索未知世界的朋友。

马克思主义哲学的课堂大多是枯燥晦涩的，秦龙用幽默的语言、生动的形式把马克思主义的课程讲活。他在介绍理论知识的时候总能联系到实际，有时把辩证法跟现代大学生的婚恋观联系起来；有时候把两百多年前的哲学命题与当代时政联系起来。在秦龙的课堂上，学生们学习兴趣极高，不仅喜欢主动思考老师留下的哲学命题，更喜欢围着他追求答案。

多年来，秦龙的工作成绩得到学界和社会的高度认可与充分肯定，成功入选教育部新世纪优秀人才支持计划、辽宁省优秀人才支持计划、辽宁省“百千万人才工程”百人层次，获得大连市政府特殊津贴专家、大连市优秀专家、大连市优秀教师、大连市领军后备人才、大连市十大杰出青年、大连市首届最受学生喜爱的青年教师等荣誉称号。研究成果获得国家级、省部级各项科研奖励二十余次，其中获得辽宁省哲学社会科学成果奖二等奖 2 次，辽宁省哲学社会科学学术年会一、二、三等奖各 1 次，辽宁省哲学学会年会一等奖 5 次，大连市政府哲学社会科学成果奖一、二、三等奖各 1 次。

在工厂中历练

——大连民族大学教授　秦海杰

人物简介：秦海杰，女，1975年2月出生，汉族，中共党员。1997年7月毕业于上海理工大学制冷与低温技术专业，获得学士学位，同年就职于大连三洋压缩机有限公司。2002年考取西安交通大学动力工程专业硕士研究生，进行不脱产学习，于2006年10月毕业获得工程硕士学位。2008年考取大连理工大学能动学院博士研究生，于2014年10月毕业，获得制冷及低温工程专业博士学位。1997年8月至2015年6月先后在大连三洋压缩机有限公司技术部和研发部工作，主要从事制冷与空调技术方面研究及相关产品开发工作，获评教授研究员级高级工程师。2015年7月就职于大连民族大学土木工程学院建筑环境与能源工程专业，任专业教师，教授。

近5年来，主要开展制冷空调领域新型制冷剂及节能环保技术研究，参与辽宁省制冷机械工程技术中心研究、制冷机械开发检测平台等项目，承担项目经费两百二十多万元，承担企业开发经费一千六百多万元。主持项目“耦合风冷型沉浸式多功能单体速冻机技术研究及产品开发”经大连市科技局鉴定，技术水平处于国际领先水平，获得了中国机械工业协会科技奖二等奖，获得中国制冷学会科技发明二等奖；主持项目“高效节能型制冷空调用压缩机（组）HCFCs替代”获得2011年大连市科技发明一等奖，辽宁省科技进步三等奖。取得授权发明专利12项，实用新型专利11项，撰写论文8篇，其中被SCI收录1篇，EI收录3篇，主持制定国家标准

1 项，参与制定行业标准 1 项。

2010 年获得大连市开发区巾帼创新明星荣誉称号；2011 年入选辽宁省“百千万人才工程”千人层次；2011 年被评选为大连市领军后备人才；被评为 2013—2014 年金州新区十大文明感动人物；2014 年被授予大连市政府特殊津贴专家称号。

让数控加工业务不断降成本创效益

——大连创新零部件制造公司装备部工装工艺工程师　高长震

人物简介：高长震是大连创新零部件制造公司装备部工装工艺工程师，1998 年 9 月加盟公司。高长震通过改善工艺、程序等，降低成本费用，直接或间接为公司创造经济价值近 450 万元。

通过自学，高长震先后取得了加工中心技师和数控车高级技师双重资格证书。2007 年在大连市职业技能大赛中取得了数控车组第一名的好成绩，获大连市五一劳动奖章和大连市技术能手的称号，2011 年享受金州新区首届政府特殊津贴优秀人才，2014 年享受大连市政府特殊津贴。

高长震一直在数控加工领域不断学习，不断创新。1998 年 9 月，技校毕业后的高长震进入大连创新零部件制造公司（以下简称“大连创新”）工作，开始了他不断学习创新的探索。

从 2001 年大连创新引进数控设备开始，高长震就投入到数控加工这一业务领域。他的努力逐渐地得到了公司的认可，多次获得公司先进个人等荣誉称号，先后取得了加工中心技师和数控车高级技师双重资格证书。

学要有所用。工作之余，高长震积极地参与到公司的降成本创效益活动中。2009 年以来，先后对多种产品的程序、刀具和夹具进行了优化和调整。2009 年，在惯性环产品刀具改进项目中，他负责刀具的选型和切削参数的设定，通过和小组成员的共同努力，为公司节约成本八十多万元。2010 年对德国哈茨公司硅油减震器

0303壳体加工“U”形槽的刀具进行了改进，该产品的生产节拍由6分30秒提高到5分29秒，单件成本降低了1.59元。

2011年，德国哈茨公司的硅油减震器0239壳体突然要求增产，由月需求3000件提高到月需求8000件。而公司现有产能满足月产3000件还需要加班加点。高长震通过一周左右的现场观察、记录、分析、实验，并根据数控刀具特有的加工特性，对0239壳体产品进行新的工艺编排和程序优化，将单组设备月产能提高到四千三百多件。新工艺也得到了技术部门的认可，两组设备同时加工满足了订单需求。

2012年，高长震对036004704壳体进行了类似的改进，产品节拍由原先的10.9分钟降到8.4分钟，提高产能22%，并在其他类似产品生产线推广该技术，使各生产线的产能都有了不同程度的提高。从2009年到2012年，通过对程序优化提高产能为公司创造的产值超过300万元。

2014年公司开发德国道依茨皮带轮项目，一共有38种产品，客户要求在2014年年底完成。看起来时间很长，可是把图纸标准化、毛坯厂的选定、毛坯样件的提交到检验等一系列准备环节的时间去掉后，留给加工试制的时间就没有多少了。时间紧任务重，领导把试制生产环节安排给高长震。为了完成任务，高长震顶着压力加班加点干，到年底完成任务后，他都不记得加了多少班。可喜的是，2015年3月得到客户的答复，对这次项目的开发很满意，并开始陆续下正式批量生产订单，并打算在下半年再下达六十多种皮带轮让公司开发。有这样振奋人心的消息和结果，高长震觉得加多少班都是值得的。

古生物学研究领域的佼佼者

——大连自然博物馆副馆长　高春玲

人物简介：高春玲，女，1965 年出生，1987 年毕业于南京大学古生物与地层专业。现任大连自然博物馆副馆长、研究员、中国恐龙学会理事、中国古生物学会科普委员会理事、辽宁化石鉴定委员会委员、辽宁省古生物化石专家委员会专家，参与制定国家、辽宁省古生物化石分类等级标准；中国博物馆专家库专家，2013 年"全国十大精品展览"评委会评委。2014 年享受大连市政府特殊津贴。

目前主要从事古生物学与地层学的研究与展览等工作。发表各种学术论文四十余篇，其中被 SCI、EI 等收录三十余篇，出版专著 2 部。相关研究成果先后获得大连市科技进步一等奖和北京市科技进步一等奖。2013 年获市政府"优秀专家"荣誉称号。

提起大连自然博物馆，大家可能首先想到的是展厅里的大鲸鱼、大恐龙。其实，在陈列展览和普及自然科学知识的背后有着一批该专业的研究队伍，他们在幕后默默无闻地从事研究工作，并把最新研究成果以陈列展览或科普的形式传递给市民。大连自然博物馆副馆长高春玲就是他们中的一员。

大连自然博物馆展厅的展品动辄是上亿年前的"老古董"，而 50 岁的高春玲在大连自然博物馆里，也属于"老古董"了。自从 1987 年大学毕业后分配到大连自然博物馆，高春玲已经在这里工作了 28 年，见证了大连自然博物馆的发展。提起自己的经历，高春玲说，她是从讲解员、藏品维护、研究员一步步做起的，能有今天的成就，得益于这么多年在一线工作的积累。除了专业的科学研究工作，如何将科研与科普相结合，将古生物学领域的最新研究成果介绍给广大市民，也是她的一项重点工作。

高春玲介绍，自辽宁发现带毛恐龙和古鸟类化石以来，她和团队就积极投身于辽西化石的研究工作，并先后到美国、加拿大、日本和中国香港等国家和地区进行化石研究学术交流和展览等工作。目前，通过对大连自然博物馆收藏的古生物化石的研究，已先后命名了13个新属15个新种的化石新物种。在对"恐龙具有护幼行为"的研究中，她和团队首次以确凿的化石材料证明了鸟臀目恐龙具有和鸟类一样的育幼行为，只是这种行为不是发生在父母与幼儿之间，而是在阿姨与幼儿之间，或者说是恐龙阿姨在照顾年幼的恐龙儿童。这一结论的得出，在全世界都引起了比较大的轰动。除此之外，她和团队还发现了高冠齿的三尖齿兽化石辽宁锯齿兽，首次提出了三尖齿兽非单一源的新论点；发现的孟氏大连蟾新物种，为研究无尾两栖类的起源及演化提供了重要的材料；提出了孔子鸟的性成熟早于个体发育的学术思想，证实了没有装饰性尾羽的孔子鸟是雌性鸟的推断(该学术成果发表在著名的*Nature Communication*杂志上)，还发现了已知原始长尾鸟类和较进步尾综骨鸟类之间的过渡类型——郝氏中鸟，并把朝阳会鸟在地球上出现的时间向前延伸了300万年到500万年。

将多年的研究转化成科普展览，让更多的市民了解自然界的变化、人类的进化，高春玲付出了很多努力。高春玲说，博物馆将研究成果做成一个个动画短片，生动形象地将这些亿万年前物种的变迁展现在观众眼前。采访中，高春玲多次表示，化石新物种的发现和生物的演化看似与生活毫无关联，但却关乎人类的每一步发展。高春玲说，人类是大自然中的普通成员，是地球生物演化发展的产物。研究生物演化过程及其演化事件的目的就是为了寻找人类的未来发展之路。从这个层面来看，研究意义是非常重大的。

他设计的起重机起重量曾创世界之最

——大连华锐重工集团股份有限公司港机事业部副总经理　顾　民

人物简介：顾民，1971年出生，毕业于吉林工业大学工程机械专业。现任大连华锐重工集团股份有限公司（以下简称“华锐重工”）港机事业部副总经理。先后获得辽宁省优秀专家、2011—2013年度全国重型机械行业优秀科技工作者等荣誉称号。主持完成20000 t多吊点桥式起重机的新产品设计，并全程参与了产品制造、安装、调试等各阶段的技术支持和服务工作，该产品荣获国家科技进步二等奖。

顾民，在二十一年的工作历程中，一直从事起重机设计、研发及相关工作。通过多年来的不懈努力，他取得了骄人的工作业绩，并多次荣获国家级、省部级奖项。他主持的各项开发、科研项目均代表国内、国际的先进技术水平，具有国际市场竞争力。

2007—2008年，顾民主持完成了20000 t多吊点桥式起重机的新产品设计，并全程参与了产品制造、安装、调试等各阶段的技术支持和服务工作。该产品创造了世界起重行业起重量之最，获得“最大起重量起重机世界吉尼斯纪录”，并且荣获了国家科技进步二等奖、中国机械工业科技进步特等奖、辽宁省职工十大创新成果一等奖。同时，这项产品获得多项国际荣誉：被美国机械工程师协会授予“最佳机械工程成就奖”和美国休斯敦海洋工程技术“新技术之光奖”；项目共获得3项发明、4项实用新型专利授权，3项软件著作权，7项世界首创。另外，其《双主梁多吊点起重机》专利获中国专利金奖。该项目为华锐重工新增产值1.42亿元、利税0.42亿元。投入使用头3年即成功完成5次超万吨海洋平台的整体吊装，为用户节省一千多万个工时，建造周期缩短30%以上，并为用户承揽了更多更复杂的工程，创造了一百五十多亿元的显著经济效益。

2008 年，他组织完成了大型港口设备海上运输自身加固的结构方式，由固定硬封改为钢索软封，突破了公司传统硬封的加固方式，为公司在海运加固方面提供新平台。2010 年，他负责港机事业部的营销工作，带着全体营销人员进行市场调研和产品订货工作，成功地签订了三代环吊核岛内装卸料机和燃料抓取机合同，圆满完成集团公司下达的订货、回款任务，为港机产品、核电产品稳固发展提供了保障。

自 2011 年起，他作为港机设计院的负责人，组织完成了 3600 t 连续卸船机链条国产化科研的研究；组织完成了 12700 t/h 大型装船机的新产品开发工作，该项目设计全部采用当今世界最严格的澳大利亚标准(AS)，设备操控也是世界最先进的无人化超远程操控，为公司开拓国外大型装船机市场奠定了基础；同时还完成了多个新产品项目的开发和研究工作，如 3500 t/h 抓斗卸船机、12700 t/h 装船机、6000 t/h/1500 t/h 一体式装卸船机等。

目前，顾民正带领华锐重工港机设计院全体设计人员进行港口机械、造船门式起重机及大型多吊点桥式起重机的产品设计并正在进行 26000 t 多吊点门式起重机研究，向更大起重量起重机发起冲击。同时还在进行港口散料机械等数个新产品项目的开发和研究工作，如 2500 t/h 连续卸船机、2000 t/h 粮食卸船机、3300 t/h 移动式伸缩臂架装船机等。各项开发、科研项目均代表国内、国际的先进技术水平，具有国际市场竞争力。

城轨车辆设计研发的领航人

——中车大连机车车辆有限公司副总工程师　敖建安

人物简介：敖建安，1966年出生，毕业于长沙铁道学院铁道车辆专业，现任中车大连机车车辆有限公司副总工程师，是国内外轨道交通领域颇具知名度的教授级高级工程师，先后被聘为中国城市轨道交通协会技术装备专业委员会专家和专家库专家、“辽宁高层次科技专家库”专家。他重点参与的“16V265H型柴油机机体国产化”项目，在2009年获得中国北车股份有限公司科技成果一等奖。

1988年，22岁的敖建安以优异的成绩走出长沙铁道学院，来到大连机车车辆有限公司(以下简称“大连机车”)。1989年，敖建安带着一年的实习收获，被分配到技术开发部从事产品设计工作。其间，相继完成了多种内燃机车车体总体设计，为国内客运列车提速和机车出口走向世界做出贡献。1999年，在大连快轨3号线车辆的研制中，敖建安作为该车的主任设计师，带领设计团队从零起步，攻克技术堡垒，解决大量疑难问题，按时完成产品的研发设计。一列列银光闪烁的快轨车不仅为乘客提供了交通便利，也为滨城增添了亮丽的风景线。

敖建安不但技术能力过硬，其领导管理能力同样出色。2005年，该企业聘任敖建安为机械二车间技术副主任，在他的领导下，车间技术管理、产品质量及设备管理等各项技术基础性工作得到大幅提升，尤其在技术人才的培养方面，取得显著成效。其间，他还主持参与了多项科研攻关，其重点参与的“16V265H型柴油机机体国产化”项目，在2009年获得中国北车股份有限公司科技成果一等奖。

2010年，大连机车整合既有技术资源，向以地铁为代表的城市轨道交通领域挺进。凭借在研制城轨项目中积累的经验，敖建安带领技术研发团队，克服市场压力及技术壁垒，在公司领导下，参与筹建城轨技术开发部，并作为部长，带领研发人员在城市轨道车辆产品研发方面取得不俗成绩。

通过敖建安和其带领的技术团队的努力，大连机车先后中标大连地铁、大连202延伸线、沈阳地铁、天津地铁、西安地铁、伊朗地铁和菲律宾轻轨车辆等十几项国内外城轨项目。2011年，大连202延伸线车辆项目被评为辽宁省科技进步三等奖；2012年天津地铁项目被评为北车集团科技成果二等奖和大连科协技术成果奖。

如今，已经是分管城轨板块业务副总工程师的敖建安，肩负的责任更重了。他正精心组织设计部门对广州地铁13号线车辆、大连金普线车辆和伊朗伊斯法罕地铁车辆等多个国内外城轨项目开展设计研发工作。

做一个积极的建设者与承担者

——大连新商报社总编辑 耿 聆

人物简介:耿聆,1966 年出生。1986 年毕业于东北师范大学中文系,文学学士,1990 年在复旦大学中文系进修,高级编辑,现任大连新商报社总编辑、大连记者协会副主席、大连评论家协会副主席,获 2011 年中国报业创新奖"贡献人物";2013 年入选大连市第二批领军人才,辽宁省"四个一批"人才。2015 年 6 月,受国家新闻出版署培训中心的邀请,为"全国行业报社社长总编辑全国社科类期刊主编岗位"培训班讲学。

耿聆 1993 年进入大连日报从事新闻工作;1999 年开始筹建新商报,历任新商报副总编、总编辑。从事新闻采编工作 23 年,深怀新闻理想,对于纸媒体在今天信息泛化时代的存在价值始终在积极探索中,在报业创新、新旧媒体融合的实战中有突出贡献:是大连报业市场贴近民生的社区新闻的开拓者与实践者;是率先发掘双休日阅读价值的开拓者与实践者;是服务实用类新闻的开拓者与实践者;是整合媒体资源有效开发深度新闻的开拓者与实践者;是民生财经贴近市场赢得差异化生存的开拓者与实践者;是"银杏客""读周刊""教育烟火"等城市独一无二的文化版组的开拓者与实践者,是发行、市场和资讯三脉打通的渠道布局的开拓者与实践者……

2013 年,担任新商报总编辑的耿聆带领新商报完成了从传统都市报向商经特色都市报的转型。在 2013 年 12 月国家新闻出版总署教育培训中心举办的"第三十一期全国地市报都市报社长总编辑岗位培训班"上,做了题为《新商报差异化生存的市场探索》的主题发言,带领新商报所做的有益而有效的新闻实践得到与会同行的肯定与关注,并获邀于 2015 年 6 月为"全国行业报社社长总编辑全国社科类期刊主编岗位培训班”讲学。

耿聆清醒地意识到，纸媒的新常态是必须做好自己的“独一无二”，必须把新闻的根须更深地扎进实用的土壤里，提出了“报社就是一个文化创意公司，报纸以及相关的新介质就是创意平台”的理念，并身体力行引领团队把这种理念渗透到每一天的新闻版组、每一套主题性报道之中。靠优秀的创意释放传播力、影响力，在创意中竭力放大文化创意的分量，是新商报最大的坚持和收获。

在耿聆同志的带领下，“千里海岸行、城市家书、以纸换树、新年攀登新高的登楼大赛、大连榜样、让物质等一等精神、大连抗日商战记忆”等自发主题性报道，创造性地向社会各界传达了大连成就和管理智慧，产生了巨大的跨地域的影响力，为各级媒体提供了宣传大连的丰富素材，并多次出现在中央级媒体的版面和镜头上。其中，“城市家书”出现在人民日报的头版头条上，开大连综合性日报主题报道“进京”先河。同时，在诸如英特尔入连、英特尔增资、达沃斯会议等大连重大经济事件中，新商报都发出了极具专业化的声音，起到其他媒体无法替代的作用。

在移动互联网时代，人人都是自媒体的制造者，众声喧哗，传统媒体如何能做到阵地不失？如何完成新旧媒体艰难的融合，继续拥有传播力和影响力？一支有转型能力的团队无疑是立根之本。

耿聆以知行合一的高度责任感发挥领军人物的带头作用，对自身的业务建设长抓不懈，所有的重大新闻发生时，都在指挥策划现场。新商报每年元旦的《新年献辞》和诸多本报评论员文章都出自耿聆之手，每周坚持写时评专栏，为采编人员示范了优秀报人的职业精神。同时她注重团队的业务培训和心理建设。新商报的“记者训练营”开办以来，围绕思想建设与业务建设的培训每月一次，耿聆多次担任主讲人，在新闻理论素养上有着丰厚的积累，并把一份忠诚党的新闻事业的理想，深植于采编人员的心田。除了新闻承担，耿聆还是一位深受读者欢迎的专栏作者，著有《风吹哪页算哪页》《人对了世界就对了》等一纸风行的畅销书。这些作品并非通常意义的文学读本，而是触摸时代心理的“处方书”，在“如何安顿好自己精神”的长久探索中，试图尽一份新闻人的文化承担！在文学评论体写作上，耿聆也有着自己的建树，担任大连评论家协会副主席，其多篇作品被《光明日报》《中国记者》《中国新闻出版报》《艺术广角》《雨花》等国家级、省级刊物刊发。

耿聆说，无论什么样的时代，心怀理想、勉力建设、积极承担，永远是成事之本。她愿意做这样的践行者！

他带领医院成为全省颇具公信力医院

——大连医科大学副校长、附属第一医院院长　徐英辉

人物简介：徐英辉，男，1967 年 12 月出生，中共党员，神经外科教授，医学博士，博士生导师，现任大连医科大学副校长、附属第一医院院长。1990 年毕业于大连医科大学英文临床医学专业班，同年被免试保送为神经外科硕士研究生。1993 年获硕士学位。2001 年考入上海交通大学医学院攻读博士学位，师从著名神经外科专家罗其中教授。致力于颅内肿瘤及神经干细胞相关的基础和临床研究。2004 年获神经外科博士学位。在颅脑损伤、颅内肿瘤以及脑血管病的诊断及显微外科治疗方面积累了较为丰富的临床经验。

大连医科大学附属第一医院(以下简称“大医一院”)始建于 1930 年，经过八十余年的发展，现已成为集医疗、教学、科研为一体的综合性现代化三级甲等医院。现编制床位 3700 张，年门急诊量 216 万余人次，年收治住院病人 9 万余人次，年住院手术量 4 万余例，是辽宁地区综合实力最强、百姓最信赖的三级甲等医疗研究型大学附属医院之一。在 2014 年中国医疗机构最佳雇主大型调查中，医院位居全国第 12 位。在“2014 中国最具公信力医疗机构(三甲医院)”排行榜中，以全国第七名的优势居东三省之首。这既是全院员工努力奋斗的结果，也是徐英辉院长科学管理、改革创新、锐意进取的成果。

时代在变迁，医院也在改革，为了解决患者看病难的问题，徐英辉院长进行了窗口预约、电话预约、微信平台预约、龙卡银医预约及诊间预约等多种方式挂号，极大地满足了各类患者的诊疗需要。早开诊时间提前至 7:30，门诊中午不停诊，缓解就医高峰。他创新性提出打造“院前联动—专科急救—多学科联合诊治”的国际

最先进的一站式急救新模式，将院前急救纳入急症救治过程，建成全国综合性三甲医院唯一的“一站式”心血管病诊疗中心。

近年来，大医一院逐步扩大与国外一流医疗机构的交流合作。徐英辉重视临床高新技术的发展和应用，鼓励临床与基础研究有机结合，设立专项基金资助新技术推广。他大力推行绩效改革，建成独具特色的干部考核体系，使员工工作责任心、积极性大幅提高。

在他的带领下，大医一院积极探索医院联盟体系，建立了大医院与县区级医院、社区卫生服务机构技术协作的帮扶模式，先后与14家医院和14家社区卫生院分别建立了技术协作关系、对口协作关系。他亲赴县市区医院调研，制定有针对性的帮扶措施，免费接受进修医师来院学习，逐步完善建立涵盖社区卫生服务中心、区医院、县中心医院、三甲大型医院三级纵向的紧密型协作关系，真正实现不同层级医院间的信息对接、技术对接、管理对接和资源共享。

她在瞬态温度测试领域中执着追求

——大连交通大学机械工程学院教授、博士生导师　崔云先

人物简介：崔云先，女，工学博士、教授、博士生导师。中国机械工业金属切削刀具协会切削先进技术研究分会自动化加工技术与系统专业委员会委员。主要研究方向为先进制造技术、传感与测控技术。2011年被授予辽宁省高校优秀科技管理工作者称号；2012年获得辽宁省自然科学学术成果二等奖；2013年获得辽宁省技术发明二等奖；；2014年被评为大连市政府特殊津贴专家。

翻开崔云先的履历表，你会被那些看起来晦涩的专业名词“晃花眼”。但是就是在这些常人看来异常“高大上”，但身处其中者会深感“探索艰险”的专业领域里，崔云先做出了“巾帼不让须眉”的卓越成绩。

崔云先教授长期从事“基于薄膜热电偶的瞬态温度测试技术与应用研究”，在薄膜热电偶研究方面积累了丰富的经验，通过多次、重复工艺控制，可在金属基底上制备满足传感器制作要求的氧化硅和氧化铝绝缘薄膜。具备绝缘薄膜、热电偶功能薄膜以及保护膜膜层间优化理论和工艺基础；对所研制的薄膜热电偶的静动态标定方法和系统进行了探索，所研制的薄膜热电偶动态响应时间为0.042 ms，线性度小于1%，可以满足高速、精密、瞬态温度测试的实时性要求。她提出的利用不同热接点宽度的薄膜热电偶模拟NiCr/NiSi薄膜热电偶磨损测温性能的研究为薄膜热电偶嵌入刀具刀尖位置后在切削的同时实现切削区域瞬态温度测试奠定了理论基础。她领导的课题组还将薄膜热电偶理论与技术应用于高速列车轴温和高速大功率柴油机活塞瞬态温度的监控中，均取得了很好的研究成果。

作为大连交通大学机械工程学院的教授、博士生导师，崔云先主持研究了一批

国家级、省级重点科研项目。2006 年至今，崔云先已经完成的多项科研项目深获委托单位和立项机构的好评。她负责的“嵌入薄膜热电偶的智能切削测温刀具关键问题研究”2015 年获得国家自然科学基金的面上项目资助；她主持的“瞬态切削用 NiCr/NiSi 薄膜热电偶切削测温刀具”获得 2013 年辽宁省技术发明二等奖；她主持完成的“基于高速切削温度测量的薄膜传感器研发与应用”等项目，三次获得省教育厅颁发的“省级科技成果”。这些科研成果如今已经被广泛应用于先进设备制造领域，成就斐然。

崔云先曾多次获得各级政府颁发的科学技术奖励，先后获得石油天然气总公司、黑龙江省教育厅以及辽宁省和大连市科学技术奖励。她在学术期刊上发表的相关学术论文可谓“著作等身”，多达数十篇。其中，她关于薄膜热电偶瞬态温度传感器和切削刀具测温传感器 SiO_2 多层复合绝缘薄膜的制备等学术论文分别被 SCI、EI 收录。此外，崔云先拥有授权发明专利 4 项、授权实用新型专利 4 项。还有 6 项发明专利正在申请过程中。她的“一种动车组转向架轴箱轴承瞬态温度测量方法”（专利号：ZL201310159004. X）、“一种柴油机活塞瞬态温度测量系统及其测量方法”（专利号：ZL201210305886. 1）以及“一种用于测量瞬态温度的针状同轴薄膜热电偶”（专利号：ZL201310158125. 2）等发明专利填补了这一领域的国内空白。这些专利目前已经广泛应用于生产制造领域。

任教 27 年，崔云先不仅是一位成绩卓著的学者和发明人，更是一位诲人不倦的良师。她先后主讲“机械工程测试技术”“现代传感器及其应用”等 7 门专业基础课和专业课，及相关实验课，编写教材 1 部，并为 7 门实验课编写了实验大纲和实验指导书。指导博士研究生 1 人，硕士研究生 17 人，已毕业 10 人。其中，1 人所写论文获 2011 年度辽宁省优秀硕士论文提名奖，2 人所写论文获大连交通大学优秀硕士论文奖。此外，她还主持 2005 年大连大学教改项目“测试技术与信息处理课程建设”；同时参与省级精品课“液压传动”的建设工作。

在中国机械工程领域，崔云先已经成为当之无愧的专家和学科带头人。她被聘任为中国机械工业金属切削刀具协会切削先进技术研究分会自动化加工技术与系统专业委员会委员；同时还是国家自然科学基金项目同行评审专家和中国机械工程期刊的论文审稿人。

为我国的橡胶机械行业赢得了声誉

——大连橡胶塑料机械股份有限公司研发部部长　黄树林

人物简介：黄树林，1973年出生，大连橡胶塑料机械股份有限公司研发部部长。毕业于吉林工业大学机械设计及制造专业。2013年晋升为教授研究员级高级工程师。他从事产品设计开发工作19年，是开炼机和压延机类产品技术带头人。参与和主持的开发项目获得部级科技进步奖两次，并曾多次获得公司、市级和省级荣誉。

自1998年起，黄树林成为开炼机类产品的总负责人。十多年以来，他带领团队不断优化产品的结构和性能，开发了多种规格的新产品，累计创造销售收入近十亿元，成为公司的拳头产品，也让他成为开炼机和压延机类产品技术带头人。

2001年9月至11月，黄树林主持开发的“XKRS-660双联橡胶热炼机”，成功地应用于普利司通公司。由于该设备具有结构紧凑，占地空间小，高效，节能等诸多优点，受到橡胶行业的普遍关注，被越来越多的用户所采用，2006年获得了中国石油和化学工业协会科技进步二等奖。

2005年主持开发的液压调距开炼机，提高了开炼机产品的自动化程度和安全性能，成为国内首创，技术上达到国际先进水平，已远销欧洲。与此同时，他还主持进行了开炼机全系列产品的CE认证工作，使大连橡胶塑料机械股份有限公司成为国内第一家获此资质的开炼机生产企业。

XY-4S1300、XY-F4S1300橡胶全钢子午胎压延机组，是国家橡胶技术装备重大攻关项目。作为该项目的主要负责人，在开发过程中攻克了钢丝整经、帘布裁断、厚度在线检测等核心技术难点，完成了全部开发工作。2007年5月，该机组产成，各项性能均达到或超出了预想的精度和性能。该机组的开发成功，填补了国内空白，结束了该生产线长期依赖进口的历史。截至目前，大连橡胶塑料机械股份有限公司已累计销售十几条钢丝压延生产线，黄树林为公司赢得了可观的效益，也为我国的橡胶机械行业赢得了声誉。

黄树林正在主持开发的压延机液压调距系统，获得了辽宁省“百千万人才工程”的项目资助，具有极好的市场前景，能极大地提高压延机的制品精度和自动化程度，使国内的压延机产品达到国际先进水平。

合成橡胶是石油产业当中重要的副产品，国内市场的需求逐年增加。黄树林带领开发团队进行合成橡胶后处理设备的国产化开发，通过样机的试验，取得了预期的效果，并与中石化签订了五条生产线的合同，合同额达 1.8 亿元。该项目的成功研发，可完全替代进口，为石化产业提供后处理关键设备，摆脱进口的束缚，每年可为国家节约大量资金。

他是一个地地道道的航天人

——中昊光明化工研究设计院有限公司总经理助理 梁肃臣

人物简介：梁肃臣，1964 年出生。目前是中昊光明化工研究设计院有限公司总经理助理、副总工程师、科研中心主任。作为学术带头人，先后主持、承担过国家科技攻关项目、化工部重点项目、科技部专项资金项目、科技部创新基金项目、国防科工局（委）国家重点军品配套项目及辽宁省和大连市科技项目 16 项。其主持完成的科研成果获省部级科学技术一等奖 1 项，全军科技进步二等奖 1 项等奖项。

梁肃臣不仅具有较高的科研创新能力，同时具有较强的团队组织能力和工作协调能力。在特种气体研发领域工作二十多年来，发挥了科技创新、市场开发、团队引领的积极作用，为中昊光明化工研究设计院有限公司（以下简称“中昊光明化工研究设计院”）的发展做出了较大贡献。2005 年以来，带领中昊光明化工研究设计院科研中心主持并完成了 6 项国家各类科研项目，科研经费总额度近三千万元。经过本人及团队的努力，中昊光明化工研究设计院成为大连市唯一一家连续两次获得科技部中小企业创新基金资助的单位。

梁肃臣不是军人和部队科学家，却是一个地地道道的航天人，由其主持并出色完成了我国多种型号卫星和导弹推进剂的科研项目和研制任务，满足了近 30 颗卫星的研制发射任务。近 5 年来我国自主研制发射的“东方红三号”“东方红四号”“天链”“北斗”“嫦娥”等卫星和航天器均采用了其团队所研制的氧化剂，获国家有关部门表奖。作为国家重点军工项目的负责人，曾被邀请赴西昌卫星发射中心参加我国拥有独立知识产权、自主研制卫星发射的观礼。中昊光明化工研究设计院也曾先后受到国防科工委、解放军总装备部和载人航天工程办公室等部门的嘉奖。

近年来，除了承担国家及军品配套的科研生产任务外，更注重军民结合及地方主导产业发展。梁肃臣带领团队主持研发的高纯硒化氢产品，掌握了关键核心技术，填补了国内空白，满足了国内高端材料研制急需。中昊光明化工研究设计院成为全球能够提供高纯硒化氢产品的两个厂家之一。该产品开发成功并投放市场，仅当年就实现销售额 1350 万元，单一产品实现利润近 500 万元，至今已连续 3 年实现产品销售收入超过 1000 万元，其团队年人均创收超过 130 万元。该产品收入今后有望数倍增长，为中昊光明化工研究设计院效益稳步增长及地方经济建设做出了重要贡献。在创造巨大的经济效益的同时，也大大推动了下游产业的发展，具有显著的社会效益。

成功实施了我市耐多药结核防治项目

——大连市结核病医院副院长　路希维

人物简介：路希维，1970 年出生。大连市结核病医院主任医师、硕士生导师、副院长。现兼任中华医学会结核病分会委员、中国医促会结核病防治分会委员、辽宁省结核病分会主任委员，辽宁省防痨协会常务理事，大连市传染病质控中心副主任。同时担任《中华结核和呼吸杂志》《中国防痨杂志》等杂志的编委和审稿专家。曾主编《临床结核病影像诊断》1 部，参与编写学术著作两部。发表 SCI 论文 3 篇，核心期刊论文近 40 篇。先后荣获大连市科技进步二等奖两项、三等奖 1 项。荣获 2005 年—2006 年大连市劳动模范，享受大连市政府特殊津贴。

在大连市结核病医院，提起路希维，个个都竖大拇指。路希维长期工作在我市结核病防治工作一线，始终坚持“以防为主，防治结合”的公共卫生理念开展全市结核病防治工作，积极推进结核病防治机构、定点医疗机构和基本卫生服务机构三位一体的新型防治服务模式，实现了耐多药结核患者全疗程真正意义上的系统管理，也真正实惠了就医患者。

作为结核病内科专家，路希维治学严谨，学术精湛。近十年来先后负责多项课题的研究，成果颇丰。在承担中国 CDC 全球基金课题《螺旋 CT 与临床对照判断活动性肺结核的应用性研究》期间，系统评价和诠释了继发性肺结核的肺间质损害、小气道损伤等焦点问题，完成了对基于大样本肺结核征象群的分类和分型研究，同时对耐多药结核的征象转归和进展模式进行跟踪观察等，该课题的子课题项目先后荣获大连市科技进步二等奖两项。为提高青年医生肺部疾病的诊疗水平，路希维创建了“结核之窗”专家公益服务平台，目前有来自全国各地的上百家医疗机构的1200名结核科、呼吸科和影像科专家加盟。通过开展疑难病例讨论，青年医生可直接与国内知名专家在线交流和学习，不但使青年医生的学习热情高涨，也提高了我市结核病医院在国内的学术影响力。

作为大连市结核病医院副院长，路希维一直在积极争取市财政支持，成功实施了大连市耐多药结核防治项目。项目在落实耐多药结核患者免费治疗的基础上，严格落实耐多药结核的规范化诊疗，取得了显著成效。2012年至2015年间，全市结核菌耐药水平首次出现加速下降趋势，取得历史性突破。近几年来，国际绿灯委员会和全球基金组织外籍专家，以及国家卫生计生委和国家CDC的领导和专家先后多次来我市督导和考察耐多药结核防治工作，均对大连市耐多药结核防治工作给予高度评价。2015年，国家CDC批准市结核病医院成为全国耐多药结核培训基地之一。另外，针对学校结核病，路希维亲自组建科研团队展开公关。经过不断完善形成了集学校结核病疫情监测、风险预警与评估、密切接触者筛查、潜伏感染者药物干预和健康促进相结合的结核暴发防控策略，并先后发表多项重要述评和论著。

路希维从事的学术研究领域跨度较大，他幽默地说：“在结核病预防专业人中，我是做影像诊断比较好的，在结核病内科专业人中我是做预防比较好的，在影像圈里我是做临床最多的。总之控制结核病就是我的职业。”

他开拓“一站式”急诊新理念

——大连大学附属中山医院急诊科主任　路晓光

人物简介：路晓光，1960 年 9 月出生，毕业于大连医科大学，医学博士、教授、博士生导师，大连大学附属中山医院急诊医学科主任，急救医学教研室主任、大连大学急救医学研究所主任、大连市一级重点学科带头人、大连市医疗软实力建设项目——大连急诊急救培训中心——主任。

很多人印象中，急诊科是一个医疗“中转站”，对患者经过紧急抢救后，就转到了医院的其他科室。大连大学附属中山医院急诊科路晓光主任告诉记者，然而，急诊科医生是第一个接触急诊患者的，他们会按照实际情况来决定患者的救治过程，只有对患者进行整体的治疗，才能真正提高救治的效果。因此，一个优秀的急诊科必须具备多元化的功能，而不是“中转站”职能。路晓光从事普外科临床工作 30 年，擅长普通外科与消化道肿瘤的防治。10 年前进入急救医学领域，便开始了急诊的探索。

他参照国内外的先进理念，在医院领导支持下，建立集抢救、手术、监护、留观、病房一体并 CT、MRI、DSA、X 线、检验等围绕的“一站式”新型急诊模式，使所带团队具备强大的突发事件应急能力，顺利完成大连 5·7 空难、SARS 以及大连市南山隧道北线塌方事故等重大事件的医疗救护任务。

在他的努力下，2012 年主持申报并获批为大连市唯一的急救医学培训中心，承担整个大连市及周边区域专业和非专业人员的急救培训工作。据他介绍，未来三年，政府将投资一千余万元进行建设，引进国内外顶尖水平的急救医学专家，围绕急诊急救与灾害医学救援等重点、难点问题，开展学术交流和培训工作，可迅速提升大连市急救医学诊疗和培训水平。

他先后主持国家自然科学基金 5 项，省市级各类课题十余项。成果获辽宁省政府科技进步一等奖 1 项、中国中西医结合学会科技进步奖三等奖 1 项、中华医学科技进步三等奖 1 项、辽宁省科技进步三等奖 2 项、大连市科技进步一等奖和二等奖各 1 项，主编著作 5 部，发表学术论文五十余篇，其中 SCI 收录 3 篇。参编国家医学教育“干细胞”教材《急救医学》《急诊与灾难医学》的撰写，主持“灾害医学新进展”“急救医学进展”等国家、辽宁省医学继续教育项目。承担大连大学临床医学本科生“急诊医学”和研究生“急诊医学”“外科学”课程的教学任务。担任大连医科大学、大连大学医学院、遵义医学院硕士生导师，已培养学生 8 名，目前在学 13 名。2013 年被聘为辽宁中医药大学中西医结合临床专业博士研究生导师。自 2005 年至今，所带团队获评为辽宁省重点专科、大连市一级重点专科，本人获“优秀学科带头人”称号。

如今，他正带领着团队围绕 2015AHA（美国心脏学会）指南，在中国研究型医院学会的心肺复苏专委会、卫生应急专委会指导下，针对危重症的复苏与救治展开研究。

新能源设备及材料的研究者

——大连理工大学教授、大连隆田科技有限公司技术总经理　谭　毅

人物简介：谭毅，男，1961 年 3 月出生，大连理工大学教授，博士生导师。1983 年和 1986 年分别在大连理工大学获得工学学士学位和工学硕士学位，1993 年在日本东京工业大学获得博士学位。辽宁省太阳能光伏系统重点实验室主任，大连理工大学能源研究院副院长，新能源材料研究所所长，大连隆田科技有限公司技术总经理。

谭毅曾担任日本新能源产业技术综合开发机构产业技术研究员、美国加州大学洛杉矶分校研究员，长期以来一直致力于高温材料、复合材料、高温陶瓷材料的研究工作。2005 年回国后从事冶金法提纯多晶硅材料的研究，采用载能束技术进行冶金法多晶硅提纯，取得了一系列的技术创新和科研成果；2006 年研发出国内首台双枪电子束熔炼设备；2008 年与企业合作开发了电子束提纯多晶硅专用设备，年制造能力近百吨，产值近千万元；近年来，电子束技术已被多家企业应用到冶金法多晶硅制造中，取得了良好的经济效益。最近 3 年多利用电子束熔炼技术开发制备 Inconel 740、718 等高温合金，在高温合金的洁净提纯、合金设计、组织评价与优化等方面都取得了一系列令人鼓舞的研究成果。由于合金的高纯和洁净化的大幅度提高，其抗氧化性、耐腐蚀性都得到了显著提升。谭毅在碳纤维隔热材料方面颇有研究，带领企业充分利用国外优质原材料，研发技术拥有自主知识产权，具有世界一流水平，在隔热材料、液流电池等技术领域中应用广泛，解决了国内外企业在此行业中的瓶颈，受到市场的广泛欢迎，具有十分重大的经济效益和社会效益。

谭毅已发表学术论文二百余篇，申报国家发明专利一百五十余项，主编学术专著8部，获国家级教学成果奖1项、中国机械工业科学技术奖1项、辽宁省技术发明奖1项、辽宁省教学成果奖1项、大连市技术发明奖2项、青岛市科学技术进步奖1项、发明创业奖·人物奖，并获得金桥奖先进个人、青岛市创业创新领军人才、大连市优秀专家等荣誉称号。承担或参与国家科技支撑项目、国家自然科学基金重点项目、国家自然科学基金面上项目、省市重点基金及企业横向合同等课题资助二十余项。

谭毅一直坚信：科学研究的目的是指导实践，应用才是根本。近年来一直致力光伏发电的示范与推广。即使近两年来，国内光伏产业集体进入“寒冬”，谭毅仍然坚定着自己的光伏之路。一方面从根源上帮助企业解决自身的技术问题，另一方面利用光伏“寒冬”的价格优势，推广太阳能光伏电站，推广隔热材料的应用。位于大连理工大学教学服务中心的100 kW太阳能光伏发电示范项目就是谭毅在光伏推广方面的工作。随着产业的复苏，谭毅将带领企业在产业应用的道路上走得更远。

大连樱桃好吃 她功不可没

——大连市农业科学研究院果树研究所所长 潘凤荣

人物简介：潘凤荣，大连市农业科学研究院（以下简称“大连市农科院”）果树研究所所长、樱桃课题主持人，教授研究员级高级农艺师。这位女农业专家主持国家、省、市重点项目十余项，获得各级奖励二十余项。现担任中国园艺学会樱桃分会副理事长、辽宁省园艺学会理事、大连市农学会大樱桃协作组首席专家。开展樱桃新品种选育研究，又相继育成并推出“明珠”“早露”“丽珠”“饴珠”“早红珠”“晚红珠”等优良品种（系）。

如今在大连，每每提起大樱桃，果农们第一个想到的专家便是潘凤荣——大连市农业科学研究院果树研究所所长、樱桃课题主持人，教授研究员级高级农艺师。她从事樱桃新品种选育研究工作31年，用她的话说，樱桃树就像她的孩子一样，看着它们茁壮成长，潘凤荣心里比吃蜜还要甜。

说来也凑巧，潘凤荣的娘家就在大连市农科院的所在地：营城子街道沙岗子村。当年这位聪明的姑娘从三所中学的考生中脱颖而出考上了当地唯一一所高中，又成为那一届二十多名大学生中的一员，并且高考时以高出录取线二十多分的成绩成为那一年农学院录取最高分的学生。

1985年，潘凤荣大学毕业后，便被分配到大连市农科院工作。当年在该院进行大樱桃研究工作的只有王逢寿老两口，并且已是年逾六旬。“曾经也有其他的科研人员做过大樱桃的研究，但后来因为种种原因放弃了，有的还离开了农科院。”潘凤荣潜心跟随王逢寿夫妇学习。由于当时大连市农科院条件有限，果子的成分全靠嘴品尝。“一把尺，一杆秤，拿牙咬，用眼瞪。”潘凤荣用这十二个字概括了她当年的工作状态及条件的艰苦。“那个时候条件太艰苦，尝果子尝得有时看到都想吐，就更别说吃了。”潘凤荣清楚地记得，由于每天品尝大量的果实，有时甚至吃到呕吐，回到家连饭都吃不下。久而久之还得了胃肠疾病。

在潘凤荣眼里，大樱桃能够在大连这片土地绽放异彩并不是偶然。“一是王老师的独到眼光，几十年前在人们还并不重视大樱桃的时候选择这一品种进行研究；二是王老师对事业的执着追求，正是他的这种精神指引着我们几代人多年来为之不懈努力。”潘凤荣说。1985 年至 1995 年，是农科院培育樱桃新品种的高产时期，在这一段时间里，先后育出巨红、佳红、红艳、13～33 等樱桃新品种（系），形成了早、中、晚熟系列品种，丰富了我国樱桃的种质资源，同时作为亲本材料，也为我国樱桃育种工作开辟了广阔前景。

尽管大樱桃在全国范围内广泛种植，但大连大樱桃的领头羊位置仍然不可动摇。如今，大樱桃作为大连市的主要经济作物之一，在大连地区栽培面积已达四十余万亩。大连市农科院在不断推出选育、引进新品种的同时，完善了大樱桃新品种与创新技术推广服务体系建设。近年来，在新品种开发推广过程中，成功总结出一整套保护地大樱桃生产技术，用温室进行冬季大樱桃生产，效益十分可观。在保护地大樱桃生产中，专家组提出采用“低树高、短周期”栽培方法，保证第二年成花，第三年结果，第四年亩产 150 公斤，比常规栽培（第四年才开始结果）提早进入丰产期。同时研究出矮化密植的简易修剪法。新方法的使用，不仅加快了露地栽培樱桃的迅猛发展，而且有效地促进了设施栽培樱桃快速发展。

附 录

附录一

大连市人民政府办公厅关于黄启成等14名专业技术人才和高技能人才享受2014年国务院“政府特殊津贴”的通知

大政办发〔2015〕23号

各区市县人民政府，各先导区管委会，市政府各委办局、各直属机构，各有关单位：

经国务院批准，我市黄启成等14名同志享受2014年国务院“政府特殊津贴”。根据《中共中央 国务院关于继续实行政府特殊津贴制度的通知》（中发〔2011〕12号）的有关规定，享受国务院“政府特殊津贴”人员每人一次性发放津贴20 000元，由中央财政专项列支拨款，免征个人所得税。

希望享受国务院“政府特殊津贴”人员珍惜荣誉，增强社会责任感，带动广大高层次、高技能人才为促进我市振兴发展不断创造新的业绩。各相关地区和单位要采取多种有效措施，积极创造条件，支持他们在科技创新、成果转化、人才培养和决策咨询等方面充分发挥引领和带动作用。全市广大专业技术人才和技能人才要向享受国务院“政府特殊津贴”人员学习，进一步弘扬科学求实、敬业奉献的精神，为我市加快“两先区”建设做出更大贡献。

附件

大连市享受2014年国务院政府特殊津贴人员名单

黄启成　大连市第二十四中学中学高级教师

富　力　大连富生天然药物开发有限公司教授研究员级高级工程师

明平文　新源动力股份有限公司教授研究员级高级工程师

孙桂娟　大连橡胶塑料机械股份有限公司教授研究员级高级工程师
迟乃玉　大连大学教授
任厚彬　普兰店市农业技术推广中心教授研究员级高级农艺师
王若雨　大连大学附属中山医院主任医师
郑顺利　大连市产品质量监督检验所教授研究员级高级工程师
郭富纯　旅顺博物馆研究馆员
张文瑞　大连华锐重工集团股份有限公司教授研究员级高级工程师
姜仁东　大连中集物流装备有限公司高级技师
鹿新弟　道依茨一汽（大连）柴油机有限公司高级技师
李长升　瓦房店轴承集团有限责任公司高级技师
童松年　大连华锐重工集团股份有限公司高级技师

抄送：市委办公厅，市人大常委会办公厅，市政协办公厅，市纪委办公厅。
大连市人民政府办公厅秘书一处

2015 年 4 月 13 日印发

附录二

大连市人民政府办公厅关于公布2014年享受市政府特殊津贴和特聘专家突出贡献奖人员名单的通知

大政办发〔2015〕17号

各区、市、县人民政府，各先导区管委会，市政府各委办局、各直属机构：

为深入实施人才强市战略，加快高层次人才队伍建设，充分调动广大专业技术人才和高技能人才的工作积极性和创造性，根据《大连市人民政府办公厅关于印发大连市改革和完善政府特殊津贴制度实施意见的通知》（大政办发〔2006〕39号）和《大连市人民政府办公厅关于开展特聘专家突出贡献奖选拔表彰活动的通知》（大政办发〔2008〕90号），市人社局组织开展了2014年享受市政府特殊津贴和特聘专家突出贡献奖人员的选拔工作。经推荐、评审和公示，并经市政府批准，确定马卫东等50人享受2014年市政府特殊津贴，授予陆善平等4人“大连市特聘专家突出贡献奖”，每人一次性发放1万元津贴（奖金）。现将名单予以公布。

各地区、各部门、各单位要高度重视专业技术人才和高技能人才队伍建设，密切联系人才，认真服务人才，努力为人才的成长和发挥作用创造良好的社会环境。全市各类人才要向享受政府特殊津贴人员和获奖专家学习，立足本职，扎实工作，勇于拼搏，开拓创新，为把大连建成富庶美丽文明的现代化国际城市做出新的更大贡献。

大连市人民政府办公厅
2015年4月1日

（此件公开发布）

2014 年享受市政府特殊津贴人员名单

（共计 50 人）

1 马卫东 大连市口腔医院院长、主任医师

2 马墊君 西姆集团有限公司董事长兼总裁、商务师

3 王立国 东北财经大学投资工程管理学院院长、教授

4 王亚斌 大连市标准化信息中心主任、教授研究员级高级工程师

5 王志洲 大连市计算机中等职业学校研究员

6 石 杰 大连市第一中学校长、中学高级教师

7 朱宁波 辽宁师范大学教育学院院长、教授

8 牟光庆 大连工业大学教务处处长、教授

9 刘广堂 大连现代博物馆馆长、研究馆员

10 刘克辛 大连医科大学药学院院长、教授

11 刘治国 大连大学教授

12 刘晓宁 大连育明高级中学科研处主任、中学高级教师

13 刘景泰 大连市环境监测中心副主任、教授研究员级高级工程师

14 许金群 普兰店市安波镇农业技术服务中心主任、教授研究员级高级农艺师

15 吕俊军 中国船舶重工集团公司第七六〇研究所检测中心副主任、研究员

16 孙义波 道依茨一汽大连柴油机有限公司高级技师

17 李汝建 大连广播电视台主任、一级摄像师

18 李 颖 大连海事大学教授

19 李增平 瓦房店轴承集团有限责任公司高级技师

20 张立军 大连市第三人民医院眼科主任、主任医师

21 张东辉 中国科学院大连化学物理研究所研究室副主任、研究员

22 张启超 大连市第二十高级中学校长、中学高级教师

23 张荣荣 大连人民文化俱乐部经理、一级艺术指导

24 肖绪武 大连市妇幼保健院副院长、主任医师

25 肖 箭 大连大高阀门股份有限公司总工程师、副总经理、教授研究员级高级工程师

26 宋 丹 大连船舶重工集团有限公司高级技师

27 陈 虎 大连光洋科技工程有限公司总工程师、教授研究员级高级工程师

28	辛　欣	大连市图书馆馆长、研究馆员
29	林　莉	大连交通大学经济管理学院院长、教授
30	段春迎	大连理工大学化工学院院长、教授
31	赵纪军	大连理工大学教授
32	赵作伟	大连医科大学附属第二医院院长、主任医师、教授
33	姚伟君	大连葆光节能空调设备厂总经理、教授研究员级高级工程师
34	姜福茂	大连船舶重工集团有限公司副总工程师、高级工程师(研究员级)
35	秦　龙	大连海事大学人文与社会科学学院院长、教授
36	秦海杰	大连三洋压缩机有限公司研发中心本部长、高级工程师
37	高长震	大连创新零部件制造公司高级技师
38	高永强	大连中远船务工程有限公司总经理、研究员级高级工程师
39	高春玲	大连自然博物馆副馆长、研究员
40	顾　民	大连华锐重工集团股份有限公司港机事业部副总经理兼港机设计院院长、高级工程师
41	敖建安	大连机车车辆有限公司副总工程师、教授级高级工程师
42	耿　聆	大连新商报社总编辑、高级编辑
43	徐英辉	大连医科大学附属第一医院院长、主任医师、教授
44	崔云先	大连交通大学教授
45	黄树林	大连橡胶塑料机械股份有限公司研发部部长、教授研究员级高级工程师
46	梁肃臣	中昊光明化工研究设计院有限公司院长助理、副总工程师、教授级高级工程师
47	路希维	大连市结核病医院副院长、主任医师
48	路晓光	大连大学附属中山医院普通外科主任、教研室主任、主任医师
49	谭　毅	大连隆田科技有限公司技术总经理、教授
50	潘凤荣	大连市农业科学研究院教授研究员级高级农艺师

2014年“大连市特聘专家突出贡献奖”获奖人员名单

（共计4人）

1	陆善平	中国科学院金属研究所研究员、中国第一重型机械集团大连加氢反应器制造有限公司研究员
2	高　文	北京大学中国工程院院士、大连理工大学双聘院士
3	薛　冬	北京大学附属肿瘤医院副主任医师、大连华立金港药业有限公司医学顾问
4	张　运	山东大学齐鲁医院中国工程院院士、大连医科大学附属第一医院双聘院士

附录三

关于开展2014年享受政府特殊津贴和特聘专家突出贡献奖人员选拔推荐工作的通知

大人社发〔2014〕57号

各区、市、县、先导区人力资源和社会保障(劳动人事)局,各有关单位:

为表彰奖励在我市社会经济发展中做出突出贡献的专业技术人才和高技能人才,根据《关于开展2014年享受政府特殊津贴人员选拔工作的通知》(人社部函〔2014〕28号)、《关于开展2014年享受政府特殊津贴人员选拔推荐工作的通知》(辽人社〔2014〕57号)、《大连市改革和完善政府特殊津贴制度实施意见》(大政办发〔2006〕39号)和《关于开展特聘专家突出贡献奖选拔表彰活动的通知》(大政办发〔2008〕90号)的有关规定,经市政府领导同意,决定开展2014年我市享受政府特殊津贴和特聘专家突出贡献奖人员的选拔推荐工作。现将有关事宜通知如下:

一、选拔推荐的对象和名额

(一)享受国务院特殊津贴人员(以下简称"国特贴"人员)。选拔对象是本市市属企事业单位正式录(聘)用的专业技术人才和高技能人才。已享受"国特贴"的人员,不再列入选拔推荐范围;未在大连落户的人员,应已办理《居住证》(或《大连市人才工作居住证》)且与我市用人单位签订不低于3年的工作合同。国家人社部给我市下达的专业技术人才推荐名额为10名;高技能人才的推荐名额由省人社厅根据全省推荐人选情况综合研究确定。按照有关文件精神,符合条件的"百千万人才工程"国家级人选可按程序推荐,不占控制指标。

(二)享受市政府特殊津贴人员(以下简称"市特贴"人员)。选拔对象是本市行政区域内各类企事业单位正式录(聘)用的专业技术人才和高技能人才。已享受过"市特贴"且享受时间满4年的人员,如有新的贡献可列入选拔范围;未在大连落户的人员,应已领取《居住证》(或《大连市人才工作居住证》)且与我市用人单位签订不低于3年的工作合同。本次选拔名额为50名。其中,专业技术人才45名,高技能人才5名。

(三)特聘专家突出贡献奖人员(以下简称“特聘专家”)。选拔对象是本市行政区域内各类企事业单位柔性引进(特指户籍和工作关系不在大连市),以兼职聘用、合作开发、人才培养等形式为大连建设贡献智力的国内高级专业技术人才。本次选拔名额为10名。

在企事业单位中担任党政领导后不再直接从事专业技术工作和技能工作的,担任省(部)级领导职务或享受省(部)级领导待遇的人员,公务员或参照公务员法管理的事业单位工作人员,以及2014年2月27日(人社部函〔2014〕28号印发之日)之前已经办理了退休手续的专业技术人才和高技能人才,不列入此次推荐选拔范围。

二、选拔的条件

(一)享受政府特殊津贴的人员。应具有中国国籍,热爱祖国,遵纪守法,有良好的职业道德和敬业精神,模范履行岗位职责,为我市经济建设和社会发展做出突出贡献。

1.专业技术人才。推荐人选在专业技术岗位上工作,近5年取得的专业技术业绩、成果和贡献突出,并得到本地区、本系统同行专家的认可,一般应具有高级职称,并具备下列条件之一:

(1)在自然科学研究中,学术造诣高深,对科学建设、人才培养、事业发展做出突出贡献,是学科领域的带头人;或者研究成果有开创性和重大科学价值,得到国内外同行专家公认,达到国内先进水平。

(2)在技术研究与开发中有重大发明创造、重大技术革新或解决了关键性的技术难题;或者长期工作在工农业生产和科技推广第一线,有重大技术突破,推动了行业技术进步和国民经济发展;或者技术成果转化为生产力和新技术、新工艺、新方法推广中业绩突出,产生了显著的经济效益和社会效益。

(3)在经济社会发展重点领域、重点行业,为解决国民经济和社会发展的重大问题提出基础性、前瞻性、战略性的科学理论依据,具有特殊贡献。

(4)在哲学社会科学研究中,成绩卓著,对社会发展和学科建设做出突出贡献,是学科领域的学术带头人。

(5)在宣传文化领域,成绩卓著,对经济社会发展、精神文明建设、学科建设、宣传文化领域改革创新和推动文化大发展、大繁荣做出突出贡献,是本领域的带头人。

(6)长期工作在教育、教学、教练执训工作第一线,对学科建设、人才培养、教育教学改革发挥了重大作用，具有国际领先的教育教学理念、坚实的学科教学理论基础和丰富的教育教学经验，在所从事的学科教学和教练执训领域中，能力和水平处于全国领先地位，起到带头和示范作用，并为同行所公认。

(7)长期工作在医疗卫生工作第一线，医术高超，治疗疑难、危重病症成绩突出；或者在较大范围多次有效预防、控制、消除疾病，社会影响大，业绩为同行所公认。

(8)在其他行业、领域，为经济和社会发展、民生建设做出突出贡献。

在连中省属高校和科研院所人员参评享受大连市政府特殊津贴，应重点考察其为大连市经济社会发展做出的专业技术业绩、成果和贡献。

2.高技能人才。长期工作在生产服务岗位第一线，技艺精湛，贡献突出，一般应为高级技师(国家职业资格一级)或具有相应高级职业技能水平，年龄在60周岁以下，并具备下列条件之一：

(1)获得过国家级、省级或市级荣誉称号，业绩突出，影响广泛。

(2)在技术革新、技术改造上有重大贡献，获得过市级以上科技进步奖、发明专利证书等。

(3)在本行业中具有领先的技术技能水平或有重大技术革新，在某一生产工作领域总结出先进的操作技术方法并为同行业公认。

(4)在促进科技成果转化、推广应用或在新技术、新工艺、新方法推广等方面做出突出贡献，并取得重大经济效益和社会效益。

(5)在本职业(工种)中具有绝招绝技，在国际国内同类职业(工种)中产生重要影响。

(6)有丰富的实践经验，能够解决生产过程中的重点或关键性操作技术问题。

(7)在参加国家级、省级、市级技能大赛并获得前三个等级奖励。

(8)在培养技能人才和传授技艺等方面成绩突出，在国内、行业内有较大影响。

(二)“特聘专家”。应具有中国国籍，热爱祖国，遵纪守法，近5年在我市经济社会发展和科技进步中做出了突出贡献，一般应具有博士学位或高级职称，并具备下列条件之一：

1.为我市重点建设工程或重大项目的启动、建成、投产和管理工作做出突出贡献。

2.积极提供先进技术、管理理念和经验，为我市工农业生产、城乡建设发展解决关键技术、管理等方面难题，取得显著经济效益或社会效益。

3.为我市企业发展、科技创新提出重要建议，取得显著经济效益或社会效益。

4.为我市积极培养人才，在教学、科研等方面做出突出贡献。

5. 为我市进一步扩大开放、招商引资和人才交流做出特别贡献。

6. 热心我市的发展与建设，做出特别捐赠。

三、选拔推荐程序

(一)单位推荐。参评人员须经所在单位审核同意后填写《享受政府特殊津贴专家情况登记表》、《2014 年申报享受政府特殊津贴人员一览表》或《"特聘专家突出贡献奖"人员情况登记表》、《2014 年申报"特聘专家突出贡献奖"人员一览表》(详见附件)，并按照单位隶属关系逐级申报。其中，区市县属企事业单位和非公企业应向所在地区人社部门申报；市直部门所属企事业单位应向其主管部门申报；市直事业单位和在连中省属单位直接向市人社局申报。

(二)主管部门审核。市直主管部门、各区市县人社部门和在连中省属单位为本行业、地区和单位推荐工作的主管部门。各主管部门应严格按照规定的条件和程序对推荐人选进行评估审核，提出本部门、本地区、本单位的推荐人选并根据其贡献大小进行排序，汇总填写《2014 年申报享受政府特殊津贴人员一览表》和《2014 年申报"特聘专家突出贡献奖"人员一览表》，上报市人社局。其中，区市县人社部门审核同意的推荐人选须经区市县(先导区)政府(管委会)核准，加盖区市县(先导区)政府(管委会)公章。

(三)资格审查。市人社局将按照本通知规定的选拔条件，对推荐人选进行资格审查。经审查符合选拔条件的人选方可提交专家评审委员会评审。

(四)专家评审。市人社局按照推荐人选的不同专业，组建相应的专家评审委员会，对推荐人选进行评审并按照规定的选拔名额遴选出候选人。

(五)审核和公示。经专家评审委员会遴选出的候选人，须报市人才工作领导小组办公室审核同意后，通过"大连市人力资源和社会保障网"和所在单位进行为期 1 周的公示。

(六)市政府审定。经公示无异议的候选人上报市政府审定。其中，经市政府审定通过的享受国务院特殊津贴人员由省人社厅统一上报人社部，经人社部审核同意后报国务院批准。

四、工作要求

(一)高度重视，精心组织。各用人单位、各主管部门要把享受政府特殊津贴人员和特聘专家突出贡献奖的选拔工作作为更好实施人才强市战略，统筹抓好专业技术人才和高技能人才队伍建设的重要措施，高度重视，精心组织，确保选拔工作顺利进行。

(二)严格审核，确保质量。各用人单位、各主管部门要认真履行审核职责，严格按照规定的选拔对象、条件和程序做好审核申报工作，确保选拔推荐工作公开、公平、公正，增强工作的透明度，切实把在我市经济和社会发展做出突出贡献的专业技术人才和高技能人才选拔上来。

（三）准确填写，按时申报。各用人单位、各主管部门要认真审核、准确填写各种申报材料和表格，重点核实好推荐人选的职称、学历等基本信息和成果凭证，尤其在填写《一览表》中的“突出贡献事迹”时要注意参照模版撰写。对其中涉及的奖项、荣誉称号等，要严格按照相应凭证中的规范名称填写，并注明授予部门。为减轻申报单位的负担，本次申报材料中的凭证不需提供原件，只需提供加盖用人单位公章的复印件。但为保障申报材料的真实性，实行个人承诺制，凡发现申报材料弄虚作假的，一律取消参评资格。

各主管部门推荐的高技能人才报送时间截至2014年4月30日，专业技术人才、“特聘专家”报送时间为5月15日至22日（报送数量较多的单位请提前预约受理时间）。报送材料除规定的申报材料和表格外，还需提供一份综合报告。综合报告的内容包括推荐情况、审核情况和排名意见等，并注明联系单位、联系人、联系方式（电话、传真、电子信箱）。

联系人：刘敏

联系电话（传真）：88139039

E-mail：zjc88139039@163.com

地址：沙河口区联合路100号513室

附件：1. 填写材料及上报要求

2. 享受政府特殊津贴专家情况登记表

3. 2014年申报享受政府特殊津贴人员一览表

4. “特聘专家突出贡献奖”人员情况登记表

5. 2014年申报“特聘专家突出贡献奖”人员一览表

大连市人力资源和社会保障局

2014年4月18日

附录四

中共中央 国务院 关于继续实行政府特殊津贴制度的通知

中发[2011]12号

各省、自治区、直辖市党委和人民政府，中央和国家机关各部委，军委总政治部，各人民团体：

为更好地实施科教兴国战略和人才强国战略，认真贯彻落实中央关于人才工作的决策部署，按照《国家中长期人才发展规划纲要（2010—2020）》要求，进一步加强我国高层次人才、高技能人才队伍建设，党中央、国务院决定，2011年至2020年继续实行政府特殊津贴制度。现就有关问题通知如下：

一、指导思想

实行政府特殊津贴制度，要以邓小平理论和“三个代表”重要思想为指导，深入贯彻落实科学发展观，全面贯彻尊重劳动、尊重知识、尊重人才、尊重创造的方针，进一步完善选拔制度，提高人选质量，强化考核管理，做好跟踪服务，逐步形成以政府特殊津贴制度为主导、结构合理、梯次递进的高级专门人才培养选拔制度体系，推动建立一支德才素质优、创新创业能力强、学术技术声望高、引领带动作用突出、适应我国经济社会发展需要的国家高层次人才、高技能人才队伍。

二、选拔数量和范围

（一）从2011年至2020年，共选拔5批，每两年选拔一次，每次不超过5000名。

（二）享受政府特殊津贴人员必须从在专业技术岗位和技能工作岗位上工作的在职人员中选拔。应注重推荐那些长期辛勤工作，在一线专业技术和技能工作岗位上取得突出业绩、做出重要贡献，其业绩、成果和贡献为同行和社会认可的专业技术人才、高技能人才。

（三）在企事业单位中担任领导职务后不再直接从事专业技术工作和技能工作

的人员，担任副省（部）级及其以上领导职务和享受副省（部）级及其以上待遇的人员，以及党、政、军、群机关的工作人员，除中国科学院院士和中国工程院院士外，原则上不享受政府特殊津贴。

（四）非公有制经济组织、新社会组织中符合选拔条件的人员，均可按选拔程序推荐。

三、选拔条件

享受政府特殊津贴人员应具有中国国籍，热爱祖国，遵纪守法，有良好的职业道德和敬业精神，模范履行岗位职责，为社会主义现代化建设事业努力工作。

（一）专业技术人才

在专业技术岗位上工作，近5年来取得的专业技术业绩、成果和贡献突出，并得到本地区、本系统同行专家的认可，一般应具有高级职称，并具备下列条件之一：

1. 在自然科学研究中，学术造诣高深，对学科建设、人才培养、事业发展做出突出贡献，是学科领域的带头人；或者研究成果有开创性和重大科学价值，得到国内外同行专家公认，达到国内领先水平。

2. 在技术研究与开发中有重大发明创造、重大技术革新或解决了关键性技术难题；或者长期工作在工农业生产和科技推广第一线，有重大技术突破，推动了行业技术进步和国民经济发展；或者在技术成果转化为生产力和新技术、新工艺、新方法推广中业绩突出，产生了显著的经济效益和社会效益。

3. 长期工作在医疗卫生工作第一线，医术高超，治疗疑难、危重病症成绩突出；或者在较大范围多次有效预防、控制、消除疾病，社会影响大，业绩为同行所公认。

4. 在经济社会发展重点领域、重点行业、为解决国民经济和社会发展的重大问题提供基础性、前瞻性、战略性的科学理论依据，具有特殊贡献。

5. 在哲学社会科学研究中，成绩卓著，对社会发展和学科建设做出突出贡献，是学科领域的学术带头人。

6. 在宣传文化领域，成绩卓著，对经济社会发展、精神文明建设、学科建设、宣传文化领域改革创新和推动文化大发展、大繁荣做出突出贡献，是本领域的带头人。

7. 长期工作在教育、教学、教练执训工作第一线，对学科建设、人才培养、教育教学改革发挥了重大作用，具有国际领先的教育教学理念、坚实的学科教学理论基础和丰富的教育教学经验，在所有从事的学科教学和教练执训领域中，能力和水平处于全国领先地位，起到带头和示范作用，并为同行所公认。

8.在其他行业、领域为经济社会发展、民生建设做出突出贡献。

(二)高技能人才

长期工作在生产服务第一线,技艺精湛,贡献突出,一般应为高级技师(国家职业资格一级)或具有相应高级职业技能水平,并具备下列条件之一:

1.获得过中华技能大奖、全国技术能手、全国劳动模范、全国五一劳动奖章等荣誉称号,业绩突出,影响广泛。

2.在技术革新、技术改造上有重大贡献,获得过省部级以上科技进步奖、国家专利等。

3.在本行业中具有领先的技术技能水平或有重大技术革新,在某一生产工作领域总结出先进的操作技术方法并为同行业公认。

4.在促进科技成果转化、推广应用或在新技术、新工艺、新方法推广等方面做出突出贡献,并取得重大经济效益和社会效益。

5.在本职业(工种)中具有绝招绝技,在国际国内同类职业(工种)中产生重要影响。

6.有丰富的实践经验,能够解决生产过程中的重点或关键性操作技术问题。

7.在国际上获得有影响的技能大赛、技术比武等奖项,为国家争得荣誉。

8.在培养技能人才和传授技艺等方面成绩突出,在国内、行业内有较大影响。

四、选拔办法

(一)人力资源社会保障部根据我国高层次专业技术人才、高技能人才队伍建设的总体规划和人才的分布情况,向各省(自治区、直辖市)及副省级城市,中央和国家机关有关部门,中央直属企事业单位下达享受政府特殊津贴人选的控制指标数。

(二)各省(自治区、直辖市)及副省级城市人力资源社会保障部门,中央和国家机关有关部门干部人事部门,中央直属企事业单位人事(人力资源)部门负责组织实施本地区本部门本单位选拔工作。基层单位按照隶属关系逐级向上级推荐人选。非公有制经济组织、新社会组织向所在地人力资源社会保障部门推荐人选。

(三)推荐人选必须经过专家评议和公示程序,做到公平、公正、公开。专家评议由各省(自治区、直辖市)及副省级城市人力资源社会保障部门,中央和国家机关有关部门干部人事部门,中央直属企事业单位人事(人力资源)部门负责组织。没有进行专家语言或评议没有通过的,不得作为推荐人选。政府特殊津贴不可重复享受。

（四）各省（自治区、直辖市）及副省级城市人力资源社会保障部门，中央和国家机关有关部门干部人事部门，中央直属企事业单位人事（人力资源）部门会同有关部门根据选拔条件、专家评议和公示情况以及控制指标数，对推荐人选进行审核，报本省（自治区、直辖市）党委和政府或本部门本单位领导核定。

（五）对拟上报的人选，除涉密人员外，在本省（自治区、直辖市）或本部门本单位所属范围内通过报纸和网络等形式进行公示后，向人力资源社会保障部推荐。

（六）人力资源社会保障部会同中央组织部、中央宣传部、中央统战部对推荐人选进行审核，对不符合选拔条件者，取消其入选资格，将最终确定的名单报国务院批准。

附录五

大连市改革和完善政府特殊津贴制度实施意见

大政办发[2006]39号

为认真贯彻全国人才工作会议精神，用科学的人才观指导并做好政府特殊津贴工作，根据国家有关规定，结合我市实际，现就我市改革和完善政府特殊津贴制度提出如下实施意见。

一、指导思想和目标

以“三个代表”重要思想和《中共中央、国务院关于进一步加强人才工作的决定》为指导，以提升创新能力和弘扬科学精神为核心，以培养造就学科领域带头人、改善高层次和创新型人才队伍结构为目标，紧密结合我市经济社会发展实际，推动我市逐步建设一支数量充足、素质优良、门类齐全、结构合理的高层次专业技术人才队伍，形成高层次人才持续成长、不断涌现的良好态势。

二、津贴类别和数量

政府特殊津贴分为两个类别：

（一）国务院政府特殊津贴（以下简称“国务院特贴”），由国家人事部组织开展选拔工作，从2006年到2010年，每两年选拔一次。人事部根据高层次人才队伍建设的总体规划和各学科领域高层次人才的分布情况，向各省、自治区、直辖市及副省级城市下达人选的控制指标数。

（二）市政府特殊津贴（以下简称“市政府特贴”），由市人事局组织开展选拔工作。每两年选拔一次，每次选拔50人。选拔时间与选拔推荐享受国务院特贴人员的时间同步。在享受市政府特贴后又做出突出贡献、并符合选拔条件者，从本人最后一次享受市政府特贴4年后，可再次申报和推荐享受市政府特贴。已享受国务院特贴人员，原则上不再申报享受市政府特贴。

三、选拔范围和对象

（一）申报享受市政府特贴的范围和对象包括：

1. 全市范围内市属各种所有制经济成分企事业单位中做出突出贡献的专家、

学者、专业技术人员；熟练掌握本岗位和相关技术岗位较高技能，为企业解决关键技术问题的技术工人；依靠科技创新、直接参与研发工作并带领科技人员将科技成果转化到产业领域，取得明显经济效益，使企业处于本市同行业领先地位的主要经营管理者。

2.在我市农村中熟练掌握和运用农业科技知识，及时引进和推广先进农业技术、成果，并带动广大农民共同致富，对促进本地区农业经济发展起到带头、示范作用的农民技术人员。

3.中省属驻连单位中为本单位和大连地区做出突出贡献的专家、学者、技术人员(包括技术工人)。

4.户籍和档案关系不在我市，但已领取《大连市人才工作居住证》，与我市用人单位签订不少于3年的工作合同，并做出突出贡献的专业技术人员。

(二)符合申报享受市政府特贴范围和对象中第1条规定的人员，在申报享受市政府特贴后，由我市推荐，可以参加国务院特贴的申报。

(三)在企事业单位中担任行政职务后不再从事专业技术工作的人员和党、政、军、群机关的工作人员，原则上不列为享受政府特贴的选拔对象。

四、选拔条件

(一)热爱祖国，遵纪守法，有良好的职业道德，模范履行岗位职责。

(二)具有高级专业技术职务的在职专业技术人员，具有高级技师资格的在职技术工人，具有高级农民技师职称、年龄在60周岁以下的农民技术人员，并具备下列条件之一：

1.中国科学院院士或中国工程院院士。

2.在科学技术工作中，学术造诣高深，其研究成果有开创性和重大科学价值，得到国内外同行专家公认，达到国际国内先进水平，获得国家、省部级和市级科技奖励的主要完成人。

3.在我市航运、石化、造船、装备制造、电子信息、新材料、生物工程等重点行业及其他行业的技术研究与开发中，在完成国家、省、市重点工程建设、重大科技攻关、重大技术引进项目以及在大中型企业技术改造中，有重大发明创造、重大技术革新或解决了关键性的技术难题；在推动高新技术产业发展，应用高新技术改造和提升传统产业中，取得显著的经济效益和社会效益的人员。

4.长期工作在工农业生产和科技推广第一线，依靠科技创新、科技进步解决生产中的技术难题，或在技术成果转化和新技术、新工艺、新方法的推广应用中，业绩突出，成为行业、领域的技术带头人或技术拔尖人才。

5.在金融、商贸、法律和现代管理等领域，通晓国际规则、熟悉国际国内市场、具备参与国际竞争能力，为解决国民经济和社会发展的重大问题提供基础性、前瞻性、战略性的科学理论依据并参与实际工作，具有特殊贡献的人员。

6. 在社会科学和软科学研究及科技咨询工作中，对宏观经济的发展和调控、地区经济和产业经济的发展战略及重大项目进行科学论证，效果显著，获得省级以上哲学、社会科学奖励的主要完成人。

7. 长期工作在教育、教学工作第一线，对学科建设、人才培养、事业发展发挥了重大作用，教学、科研并重并取得突出成绩；长期工作在卫生工作第一线，医术高超、多次成功治愈疑难、危重病症，或在较大范围多次有效地预防、控制、消除疾病，社会影响大，水平和能力均被同行所公认的人员。

8. 为发展我市的文化艺术、新闻出版和体育事业做出重大贡献，享有盛誉，获得省级以上主管部门授予的行业最高奖的文化、出版工作者；从事专职体育教练工作，其执训满 2 年的运动员在国际、洲际体育比赛中获前 3 名或破亚运会纪录的职业体育教练员。

五、选拔程序和办法

（一）选拔享受国务院和市政府特贴人员工作由市委组织部、市人事局共同负责，市人事局具体组织实施，市政府各部门积极配合做好选拔推荐工作。

（二）市人事局不向各地区、各部门下达选拔指标参考数，由各区市县人事局及市直、中省直驻连各相关部门、单位在本地区、本部门、本单位择优选拔推荐人选。民营企业按属地化原则，由单位所在地政府人事部门择优选拔推荐人选。享受国务院特贴人选原则上由人选所在单位从历年来享受市政府特贴人员或从当年上报的参选享受市政府特贴人员中择优推荐。

（三）选拔工作原则上从选拔年度的下半年开始，8—9 月为人选推荐上报阶段，10—11 月为选拔、审批阶段，12 月向国家人事部上报国务院特贴人选，公布市政府特贴人员名单。

（四）被推荐人选在经过区市县政府、市直主管部门和中省直驻连单位主管部门领导集体讨论确定后，报送市人事局。

（五）市人事局组织有关专家对上报人选进行遴选和评议，按照指标数和人选业绩择优选拔和推荐，经市委组织部审核后，上报市政府审批。经批准后的享受国务院特贴人选以市政府名义向国家人事部推荐；享受市政府特贴人员以市政府名义发文表彰。

（六）所有推荐上报人选，须在本地区、本单位进行公示。初选人员名单在上报市政府审批前，除涉密人员外，将在有关新闻媒体上进行公示。

六、津贴标准和发放

（一）国务院授权人事部向被批准享受国务院特贴人员颁发由国务院用印并长期有效的政府特贴证书和每人一次性特贴20000元。1994年以前享受每月100元政府特贴的人员，发放标准不变。已享受一次性5000元、10000元津贴的不再补发。

（二）市政府授权市人事局向被批准享受市政府特贴人员颁发由市政府用印并长期有效的政府特贴证书和每人一次性特贴10000元。2004年以前享受的市政府特贴标准和发放办法不变。

七、经费来源

国务院特贴和市政府特贴所需经费分别由中央财政和市财政专项经费列支。

八、管理考核

（一）各区市县政府、各有关部门要切实加强对政府特贴工作的组织领导，建立有效的跟踪管理制度，密切同享受政府特贴人员的联系，妥善解决他们工作和生活中的实际困难，支持他们在科技创新、成果转化、人才培养以及政府决策咨询等方面发挥积极作用。鼓励并支持已享受市政府特贴人员申报享受国务院特贴和再次申报市政府特贴。

（二）加大享受政府特贴人员突出贡献事迹的宣传力度，弘扬他们与时俱进、科学求实、开拓创新、拼搏奉献的精神，展示他们良好的风貌。通过他们的榜样示范作用，带动和激励广大专业技术人员在全面建设小康社会的宏伟事业中不断做出新贡献。

（三）进一步健全和完善享受政府特贴人员的考核制度和退出制度。对发现其业绩成果有弄虚作假、侵犯知识产权行为，或有违法违纪行为被判处拘役以上刑罚，受到开除留用以上行政处分，以及在重大技术事故中负有主要责任的享受政府特贴人员，取消其荣誉称号，收回发放的荣誉证书和津贴。

九、本实施意见自2006年1月1日起施行。原《关于印发大连市政府特殊津贴工作暂行办法的通知》（大政发［1999］108号）同时废止。